BLACKWELL'S (

General Edit

GW00853188

FRANZ GRILLPARZER

DES MEERES UND DER LIEBE WELLEN

EDITED BY

DOUGLAS YATES, M.A., Dr.Phil.

Formerly Reader in German at the University of Aberdeen

BASIL BLACKWELL · OXFORD

1968

First Printed 1947
Sixth Impression 1968
631 01400 4

PRINTED IN GREAT BRITAIN
FOR BASIL BLACKWELL & MOTT LTD.
BY COMPTON PRINTING LTD., LONDON AND AYLESBURY
AND BOUND BY
THE KEMP HALL BINDERY, OXFORD

CONTENTS

FOREWORD

As a student in the Honour School of Modern Languages at Birmingham University, I first heard of *Des Meeres und der Liebe Wellen* in 1920 at a lecture on Grillparzer given by Professor Francis E. Sandbach—so recently departed from us—the most memorable lecture of my life. I recall this now, because I am suddenly reminded that as I sat there with the others I was visited by a prophetic glimpse of myself in my present capacity, editor in my middle age of the work to which we were being so inspiringly introduced. It was a glimpse and it was gone, for there was nothing to detain it. Yet now it comes back to me. I will take this for a token that I may venture to inscribe my edition to the memory of its only begetter, one whose favourite German dramatic work this undoubtedly was, and who would, I feel, be content to be saluted by me and his other grateful pupils, not only of my year, in its name.

D. Y.

ABERDEEN, 1946

v

INTRODUCTION

I. LIFE-CONTEXT OF THE WORK

Des Meeres und der Liebe Wellen, judged by many to be Grillparzer's masterpiece, the culminating product of his best period and the only love-tragedy in the German language which invites and sustains comparison with Shakespeare's *Romeo and Juliet*, is, paradoxically enough, less adequately appreciated in its dramatic quality than it should be. This fact is due to its supreme excellence in a subsidiary respect. Grillparzer's skill in the portrayal of women characters, among whom Hero holds pride of place, has given rise to a tendency (shared even by his most recent editors and critics) to dwell on this aspect of his achievement and to attempt to explain Hero's intimate and human appeal by representing her as the poet's romantic ideal of womanhood: '*Des Meeres und der Liebe Wellen* ('Hero') wie keine andere Dichtung ist aus unerfüllter Sehnsucht emporgewachsen', writes Backmann in the opening of his Introduction in the standard critical edition.[1] The objection to this tendency is that it seems to ignore not only the significant fact that Hero herself is drawn from real life, but also that the work as a whole is based on the author's own experience. This is an important principle to establish, as a brief account of the genesis of the work will show.

The first existing reference by Grillparzer to this material occurs in the summer of 1820, after the completion of *Das goldene Vlies*, and consists simply of the words 'Hero und Leander' entered in his note-book (T.320). There is no reason to suppose that Grillparzer had previously considered utilizing it; the natural circumstance of his including in the subsequent make-up of the principal characters certain features and motives from early plans and fragments (some traceable as far back as to his earliest adolescent

[1] *Wke*, i, 4, p. vii.

yearnings and literary discoveries) is no indication of the contrary.

After an interruption of some weeks, during which Grillparzer seems to have studied and thought about his project, consulting in particular Passow's edition of the Grammarian Musaeus's 'Epyll' of Hero and Leander, he notes down the following plan (T.322):

'Hero und Leander. Wie kein Mann sie rühren kann, und sie Priesterin der Venus wird. Dann sieht sie Leander. Beim Wasserhohlen im Hain der Göttin findet sie ihn wieder. Er schöpft ihr Wasser. Der dritte Akt schließt damit: daß Leander, zum erstenmahl nach Sestos zu dem Thurm der Hero hinüberschwimmt, zu ihr hinaufsteigt, nachdem sie ihm einen Mantel hinabgeworfen, sich damit zu bedecken. Gespräch der Liebe. Hero hört ein Geräusch außen, und indem sie die Lampe nimmt, um nachzusehen, was es sey, heißt sie unterdeß Leander in ihr Schlafgemach treten. Vierter Akt. Hero mit dem Gefühle als *Weib*. Der Priester hat etwas von dem Verständniß bemerkt, und Fischer haben ihm von der Lampe erzählt die allnächtlich am Thurme leuchte. Er ahndet den Zusammenhang, und beschließt, streng und ernst will er das Unerlaubte im Keime ersticken. Hero, die die Nacht gewacht, ist schläfrig. Er gönnt ihr nicht Zeit zu schlafen; er beschäftigt sie unausgesetzt. Der Abend kommt. Hero zündet die Lampe an, will sich wach erhalten, schläft aber doch ein. Der Priester löscht die Lampe aus. 5. Akt. Fischer finden die Leiche Leanders.

If, in addition to Passow, we take into account the other sources that Grillparzer must surely have been acquainted with, notably Ovid's epistolary exchange between the lovers in his *Heroides*, Schiller's ballad *Hero und Leander*, and the German folksong *Es waren zwei Königskinder*,[1] the most novel feature of this plan, as in the finished work, is its implication that Hero is made to suffer because she neglects her duty and breaks her vows—shown in Grill-

[1] Erk und Böhm: *Deutscher Liederhort*, vol. i, p. 293; Avenarius: *Balladenbuch*, p. 98. A different version in *Des Knaben Wunderhorn*, 'Es waren zwei Edelkönigs-Kinder'. Cf. below, p. xxxiv.

parzer's introduction of the figure of the high-priest as an Agent of just Retribution. This innovation is, however, characteristic of and natural to Grillparzer—quite apart from the consideration that it meets the requirement of dramatic economy. There can be little doubt that his interest in this work from the start lay in the affinity of its theme to his own life-problem—in its exemplification for him, on a general human plane, of the contrast between duty and desire.

Grillparzer's problem in life may be formulated briefly as consisting in how to fulfil his poetic mission (or 'duty'), despite the wellnigh irresistible temptation to seek solace in relaxation from effort and happiness in love ('desire'). In differing aspects this typical contrast (for Grillparzer the 'contrast between art and life') forms the theme of all his works. At the time we are speaking of, the poet, who had recently accepted the duties and responsibilities of 'Theaterdichter', engaged to deliver works at regular intervals to the 'Hofburgtheater' of his native city,[1] was distracted by his entanglement with Charlotte, the wife of his cousin Ferdinand v. Paumgartten: she it was whom he had styled the 'tragic muse' of his Fleece trilogy. The character of Hero in Grillparzer's 1820 plan (unlike that of the chaste, natural, and naïve heroine of the finished work) accords with that of Charlotte, as it does also with that of Medea in *Das goldene Vlies*. This early (and immature[2]) conception of Hero, who deliberately infringes the temple rule and repeatedly breaks her vows, seems to be based in part on the poet's interpretation of Charlotte's nature and temperament. The intention was clearly to create a work in which tragedy should result from a deliberate and punishable neglect of duty—a neglect analogous, incidentally, to Grillparzer's own, or what would have been his own, as he thought, if he had been disposed to behave in a manner corresponding to that of his Hero and Leander.

This presumption regarding Grillparzer's earliest intentions affords a satisfactory explanation of his failure to

---

[1] Cf. B.117, 212.   [2] Cf. T.3247 ('unreif').

proceed with this plan, which implied a bias in favour of duty and too rigorous and reproving an attitude towards the lovers—however understandable in his circumstances this view of the material may have been. The difficulty of making the priest—destined of necessity to avenge duty's infringement—appear to act in a manner entirely free from personal motives was probably foreseen by the dramatist. Not to succeed in this would have spelt failure to perform his poetic task in conformity with the laws of tragedy. Even in the finished work Grillparzer only 'half-succeeded' (T.1893) in this particular, as he himself recognized, and as is discussed in our commentary. Yet some human agency of intervention was indispensable. Unlike the legend of Romeo and Juliet, where the inter-family feud provides spontaneously for this personification of the opposing principle, the material of Hero and Leander, as it presented itself to Grillparzer, offered only the impersonal sea as a counteractive factor: the figure of the priest, supplied by Grillparzer to cover this lack, had to be retained. At one time he even thought of making him a 'Priester des Neptun', but soon abandoned this pagan notion.[1] For, as a modern poet, Grillparzer was bound to dispense with the introduction of divine personages from antique mythology and to exclude all the celestial machinery of Retribution present in his sources. We observe how in the finished work he attempted to compromise between divine and human intervention. The priest is intended to appear, not as acting in every respect of his own free will, but as an Agent of Higher Causation. Grillparzer was himself not satisfied with the result and he writes in his diary even as late as in the year 1837 (T.3247): 'Vor allem ist die Figur des Priesters zu kurz gekommen.'

Another reason why Grillparzer hesitated to proceed with the execution of his 1820 plan is likely to have been that he was unable to think of any other way of concluding the play than by causing Hero to commit suicide. We may suppose, however, that he would be disposed to reject

---

[1] Cf. Wke, i, 4, p. xii f.

suicide for several reasons. A suicide committed in madness or out of frustrated passion, such as seems actually to have been contemplated,[1] would have been too unedifying; and one committed by way of atonement and in recognition of guilt would have been altogether too reminiscent of Sappho's end. A suicide, on the other hand, on account of grief would scarcely have suited the character of his heroine as then conceived, if 'heroine' she was intended to be; nor would it have accorded with the trend of his original theme. Yet the character of Hero as indicated in the early plan, though it did not permit of a catastrophe by means of the obvious device of suicide, was itself better adapted to Grillparzer's original 'tendency' than the later one. But this tendency, too, as we shall see, is later, in effect, reversed. The device adopted in the finished work of causing Hero to die of a broken heart may have been suggested by Marlowe, whom Grillparzer did not read until 1822 or later (T.1293); it may also be in part due to Grillparzer's belief that Marie Piquot[2] and Charlotte Paumgartten[3] died of broken hearts. The early Hero, in any event, could not have ended so; she seems to have been intended to behave in a manner deserving of censure and punishment by practising wilful deceit and subterfuge. On the whole, considering what subsequently grew out of his original plan, we doubtless have good cause to be grateful that for one reason or another Grillparzer was unable to complete his work at this time.

Not until over five years later, the winter of 1825-6, does any further reference to work on the projected tragedy occur. It is true that Grillparzer's diary for the year 1822 contains the note referred to above, to the effect that Marlowe had written a *Hero and Leander*, and it is safe to conclude that Grillparzer soon investigated further; in point of fact, most of Grillparzer's subsequent departures in detail from his early plan might, as shown below, be ascribed to Marlowe's influence. But there was also another influence at work, parallel, as one might say, to

[1] Cf. Sauer's Intro. in *Cotta*v, p. 73.   [2] Cf. T.1109.   [3] Cf. T.1613/6.

Marlowe's, and more important: Grillparzer's own experience with Marie von Smolenitz; yet even as late as January 1827 this does not take positive form, and we find him on January 8th still struggling with his original conception of Hero and stressing aspects of her nature which belonged, not to Marie, but to Charlotte.

But Grillparzer had by then completed his *Treuer Diener*, a work most intimately associated with Marie von Smolenitz, yet by no means exhaustive of this source of inspiration, and we soon have evidence, later confirmed by the poet himself, of the influence on Hero of 'Marie in aller ihrer damals wirklich himmlischen Schönheit'. The first indications appear in the poet's first ('miniature') manuscript. Backmann describes this MS., which succeeds a rough 'sketch' of the whole tragedy begun on 8 January, 1827, as being embarked upon by Grillparzer, not with a view to publication, but for his own private satisfaction and needs, as being of a format 'ganz intim' and inscribed on the cover with the term '*Εἰδιλλιον*'. The title, too, given on the inside of the cover, and corresponding literally to the title finally adopted, is expressed in Greek: Τὰ τοῦ ἔρωτος καὶ τῆς δαλάρρης χύματα.[1]

The significance of these indications invites speculation. Wedel-Parlow affirms, probably with justice, that the style: Εἰδύλλιον, as used by Grillparzer, implies that the work was for him 'ein Bildchen . . ., eine verschwiegene Huldigung, der "wunderschönen Frau" (Marie von Smolenitz) dargebracht'.[2] The rest of the evidence supports this interpretation. But why the secrecy? The answer is that the connexion between Grillparzer's private affairs and his poetic confessions was at this time so intimate and sensational, that he could not bear to contemplate the exposure of himself and others—the scandal even—which he feared would attend their completion and publication. *Ein treuer Diener seines Herrn*, a tragedy of incredible intimacy, was

[1] Cf. *Wke*, i, 4, p. xvii. According to Backmann's revised opinion (*Jb.* xxxi, p. 14) the main work on this manuscript was performed in the year 1828.

[2] Cf. op. cit., p. 106.

finished, but locked up in his desk; for him it was altogether too revealing of the triangular situation in which he was involved with Marie and the notorious Daffinger, the miniature-portraitist, his rival. The egregious Daffinger, who married Marie at the end of the year ('diese Besitzergreifung hätte ich ewiglich verhindert,' wrote Grillparzer[1]), was already celebrating her great beauty in remarkable portraits and miniatures that seemed to breathe with life. And this is perhaps the reason Grillparzer obscurely alludes to his new dramatic work, containing its own intimate and life-like portrait of Marie, as an $Eἰδύλλιον$, a 'miniature' in which he thought to equal, if not outshine, his rival for her appreciation and regard. There are indications that Marie deliberately fostered this artistic rivalry. Of nearly the same date, too, is Grillparzer's echoing of Correggio in *Jugenderinnerungen im Grünen* with the outcry: 'Doch Meister, schaut, ein Maler bin ich auch!' And, indeed, the dramatist had good cause for pride in his skill and mastery: his 'portraits' of Marie in the characters of Erny (*Treuer Diener*) and Hero are truly astonishing achievements. Moreover, they have their proper place and universal value in dramatic masterpieces as larger wholes—examples of great art; for the sake of these the poet, like a 'faithful servant', might well feel perforce constrained to renounce 'life' and allow Daffinger (so he told himself) to prevail over him in his wooing of Marie. After the poet's 'Trennung' (G.84.9; Sept. 1827) from Marie, and after it became clear that she would marry his rival, Grillparzer determined to vindicate his own attitude and bearing by publishing *Ein treuer Diener seines Herrn*—the title is tragically ironical. He also soon took up his *Hero and Leander* again, commencing a second MS., this time in a format of 'representative size'![2]

Any temptation we might feel rather to interpret Grillparzer's curious designation of his first MS. as indicating that he thought of it, in the specific sense of the term he used, as an 'idyll' is countered by a moment's reflection as

---

[1] In the *Briefe an Marie*, T.1638. [2] Cf. *Wke*, i, 4, p. xvii.

to the true literary character of this work and as to the
meaning of the title which he concurrently supplied.
The fact that this title is first expressed 'exclusively' in
Greek, far from revealing its source to be discoverable in
Musaeus (cf. Backmann, *Wke*, i, 4, pp. xiv, 255), suggests
rather that it had, like *Εἰδύλλιον*, in the first place a personal
bearing and significance for Grillparzer himself; it denoted
in what sense 'jene tief im Menschenleben wurzelnde Fabel'[1]
allegorized his own lot; it meant that the tragedy of Hero
and Leander was typical of his own (private) tragedy.

The tragic arises from a contrast between Necessity and
Freedom which is felt as harmful.[2] These are but general
terms: Necessity might in a given instance be equated with
the World or *duty*, and Freedom with the Self or *desire*.[3]
In normal human experience there is apparent equilibrium
between these counteracting forces. But the balance may
easily be disturbed, and such disturbances, which, if serious,
provide the stock-in-trade of tragic poets, may occur in
either direction, too much on the side of 'duty' or too much
on the side of 'desire'. *Ein treuer Diener seines Herrn* reflects
an interpretation of Grillparzer's actual situation in the
former sense, while *Des Meeres und der Liebe Wellen* does so
in the latter sense. If Bancban, who in his *excessive* loyalty is
typical of so many present-day[4] 'faithful servants' of their
incompetent and guilty rulers, in a moment of great
emotional stress (or of insight, or liberal conviction) had
acted in opposition to his duty, or forsworn it, and so
betrayed the trust placed in him and sacrificed his honour
and perhaps his life, the position would have been strictly
comparable to that in *Des Meeres und der Liebe Wellen*.

The romantic-sounding title of this work provides in a
perhaps unsuspected sense a clue to Grillparzer's funda-

[1] Gottfried Keller's phrase in opening paragraph of *Romeo und Julia auf
dem Dorfe*, alluding to the kindred legend of that work.
[2] In comedy the same kind of contrast is felt as harmless.
[3] In comedy the contrast—relieved of suffering, provocative of laughter
rather than tears—might be between Society or convention and the Indivi-
dual or liberty.
[4] This was written in 1943.

mental intention in creating it. In reference to what has already been implied regarding his tendency to give a wider human meaning to problems which affected him personally, it is interesting to recall that he explains the title of this work as having been chosen to indicate the general significance of the work itself. In his *Selbstbiographie* he writes: 'Der etwas prätiös klingende Titel: Des Meeres und der Liebe Wellen, sollte im voraus auf die romantische[1] oder vielmehr *menschlich allgemeine Behandlung* der antiken Fabel hindeuten.'[2] The title *Hero und Leander* would have been suggestive, he feared, of a treatment of his subject as a simple story for its own sake and would have directed attention rather to the content than to the intent of the work. Strictly speaking, the title *Des Meeres und der Liebe Wellen* has all the force of the once popular sub-titles to novels in the days when authors strove to make their titles descriptive of their aims, and their novels really interpretative (often unfortunately too pointedly and moralizingly) of human life. A great drama, just as a great novel or any other work of art, must have a general significance for mankind, or it will fail in the long run to appeal. Great poets have always, even in spite of themselves, thought and written in terms of human life, and in creating masterpieces their attention has always been directed to some fundamental aspect of human nature or destiny.

In the historical and critical edition of the works we are invited (though we may well decline to accept the invitation) to interpret the title *Des Meeres und der Liebe Wellen* as indicating the metaphorical relation (if any) between the waves of the sea and those of love, or alternatively, the mythological association of Venus with the ocean waves.[3] But if we consider the annihilating (and, of course, symbolical) part played by the sea waves in Grillparzer's work, as indeed in all other versions of the story of Hero and Leander, we realize that the title has a less superficial meaning than this. It indicates that Grillparzer's philo-

---

[1] Romantisch is here used (mainly) in the sense of 'allegorical'.
[2] *Wke*, i, 16, p. 230. Cf. also T.3247.   [3] Cf. *Wke*, i, 4, p. 255.

sophic intention, if we may so term it, was to show in his work the strife and the struggle for superiority between two main elemental forces in human life. The waves of the sea are the irresistible forces without; calm and gentle and smooth-flowing at ordinary times, when *duty* is observed; but storm-tossed and angry and powerful to destroy when not reckoned with or ignored. The sea represents in Grillparzer's conception the compelling forces of the world, in all their cruelty, spite, malignance, and vengefulness towards the rash or daring spirits who, yielding to or following *desire*, try to appropriate for themselves a happiness of their own. In so doing they ignore the facts and conditions of human life which demand their consideration, and life avenges itself on them for this neglect, as the waves of the sea avenge themselves on the importunate swimmer, or punish adventurers who imprudently set sail in a craft not built to withstand the storms. The title *Des Meeres und der Liebe Wellen* contains, that is to say, the idea of the contrast between duty and desire.

In the opening acts of the play Hero is at peace with herself and, like a poet not torn away from *his* chosen activity by conflicting desires, she is contented with her lot and willingly takes a binding oath of allegiance to *her* chosen activity, committing herself, inexperienced and untried, to a life-long sacrifice of herself as a priestess. Like a poet who enters into a contract to deliver works at regular intervals to an official body, as we saw that Grillparzer had done to his subsequent regret, at the time of planning this work; or like one who for art's sake renounces love and happiness, as Grillparzer was persuaded he did later, when they were to be had for the asking in the person of Marie v. Smolenitz: so does Hero (in whom Marie is incidentally portrayed) confidently undertake to observe demands made upon her before she is capable of realizing what difficulties and sacrifice this may entail. Hero is no more fitted by nature to lead the austere and exalted life of a priestess than Grillparzer came to feel himself to be fitted to carry out his partly self-imposed, partly supra-imposed, duties as a poet during the years of his trials and of the planning and writing of 'Hero'.

When love comes into Hero's life she forgets, true woman as she is, as Grillparzer himself felt tempted to forget, everything else: in the first place duty, then reason, caution, respect, filial affection, and the whole of her environment, in a new world of all-absorbing happiness and desire. Here, too, she is perfectly at peace with herself and there is no trace of conflict in her. Grillparzer distrusted love for this very reason, that it had such power to blind and betray its victims; he distrusted it as a cruel, irresistible, elemental, and disintegrating force in human nature. It is because Hero, in becoming a victim of this force, so totally forgets her duty, that she is made to suffer in the end; not because of nature's blind or jealous spite as evinced in the storm at sea. Like Hero, Leander too is a victim of love. Like Medea herself in *Das goldene Vlies*, both are betrayed by love and both become involved in guilty conduct. It is surely a too subjective and inadequate pronouncement to say that the love of Hero and Leander was too beautiful to exist in a harsh, cold world, as so many critics, including Volkelt and Reich, have conspired to agree. Nor can we say with Jellinek that the catastrophe is due to the intervention of blind Chance,[1] nor with Mell that it is due to Hero's tired feeling in Act IV.[2] If this were so, there would be no excuse whatsoever for the intervention of the priest in the play. This figure is not introduced because Grillparzer was in need of a villain for his piece. Although he naturally had understanding and sympathy for the lovers, he still stood mainly (at this stage) on the side of duty. Hero's conduct (as well as Leander's), was, in his opinion, punishable; and the priest, as we saw, was introduced as the Agent of what was intended to appeal to the audience as Just Retribution. Hero is made to suffer and atone at the hands of an offended and avenging world to which she owed allegiance and which demanded submission to its mandates and duty done. In like manner would a poet

---

[1] Cf. op. cit., p. 71.   [2] *Jb*. xviii, p. 18.

b

suffer the loss of his reputation, and sacrifice his honour and the respect of the world, and his own self-respect, if he deserted his sworn duty and his art. Grillparzer's conception of his duty as a poet, and the difficulty of its fulfilment, is reflected in his representation of Hero and her desertion of her duty as priestess.

From what has just been said it is easy to appreciate Grillparzer's progress in 1828, after Marie's marriage to Daffinger, from his intimate first MS. to his 'representative' second MS., with a view to eventual stage production: what we have observed is a natural process and the outcome of a fundamental tendency on the part of the author to treat of problems which affected him personally in his struggle to achieve his poetic destiny. He was doubtless convinced that these personal problems had a wider human significance, which it was his mission as a dramatist to convey. The morally didactic or rather hortative tendency of much that he wrote (as exemplified, for instance, in the early plan of this work, as also perhaps in his formulation of its title[1]) forces us to conclude that the dramatist was not merely actuated by a subconscious desire to seek 'Selbstbefreiung von lastenden Seelenzuständen' through his works. We may perhaps be justified in claiming that Grillparzer's conception of his true function as a dramatist, if he ever formulated any such conception, was that he should select and present his material in such a way as to interpret precisely those general human problems of which he had gained a deep knowledge and experience in his own person.

A third MS., which is fragmentary, followed; but up to February 1829, *Hero* had been satisfactorily composed only as far as Act IV, and setting to work upon this Act again Grillparzer found that the Hero he had previously understood was lost to him now (T.1692). But just at this time

---

[1] The title *Hero* (or *Hero und Leander*), like *Banbcan* for *Ein treuer Diener seines Herrn*, is commonly used for the sake of brevity. This should not be taken to imply a criticism of the longer forms, despite their 'difficulty' and consequent misinterpretation. Gr.'s titles are characteristic and therefore ultimately preferable to any less 'universal' ones.

he was again becoming interested in Marie. One can observe how his interest grows hand in hand with the progress of this fourth MS., and in less than a week *Hero* is finished for the first time and Grillparzer is once more under the spell of Marie's great beauty and charm.[1] She is an enigma for him; but the pity still lived on, which he had felt for her, because he had distrusted her and forsworn his love, and so caused her great unhappiness and surrendered her to a 'coarse and brutal' husband.[2] It does not seem at all improbable that Marie had complained of Daffinger in similar words at the time of her earlier relations with Grillparzer, as now again in 1829, and had so given him the suggestion for Hero's remarks about her brother in Act I. One might follow up the argument and say that Grillparzer is thinking of himself in portraying Leander as a totally different kind of man from Daffinger[3] or Hero's brother, and as an acceptable lover for Hero or Marie. Apart from this, there are certainly some other undeniable resemblances between Leander and Grillparzer himself, as discussed in the commentary. That Daffinger, too, 'der stets Übermütige', as Costenoble called him,[4] served Grillparzer as a model for Naukleros, especially in respect to the latter's relation to Leander, may be regarded as established.[5] But Marie's nature in particular seems to have been admired and studied in an objective way by the poet, to the advantage of his heroine, much as he appears to have studied Charlotte Paumgartten for Medea in *Das goldene Vlies*. He seems to have observed Marie in a manner which enabled him to make his Hero perhaps the finest of all his women characters and to give her a so surpassingly human and intimate appeal.[6]

[1] T.1695, 98, 1701, 09, 13, 17, 22, 24, 29, 35.
[2] T.1638: Du bist an die Gemeinheit verkauft, etc., T.1722: Der Mann malträtirt sie im eigentlichsten Verstande, etc.
[3] Cf. particularly T.1638 and the poem *Trennung*, G.84, 9.
[4] Cf. Costenoble: *Aus dem Burgtheater*, 1818/37, *Tagebuchblätter*, 2 vols., Vienna 1889, 1, p. 220, 8 Oct., 1822.
[5] Cf. Backmann, *Jb.* xxxi, p. 35. Cf. nn. to 505 ff., 516, 581, 606 ff., 712 f.
[6] This effect thus results from conditions sharply contrasting with those hitherto supposed to be operative, alluded to in the opening paragraph of this Introduction.

One of the happy consequences for his work of Grill-parzer's renewed interest in and love for Marie in 1829 seems to have been that it influenced and inspired him to re-cast the conclusion (T.1709) and thus to correct what we have described as his bias on the side of duty. Hero now dies, convincingly portrayed, of a broken heart. Any bias, since it is beyond the capacity of a poet's human feeling to achieve perfect impartiality, is now in favour of the lovers; and we are disposed, or rather predisposed, to acquiesce in this. In the finished tragedy 'poetic justice' is done to the priest; he is not allowed to escape the accusation of personal guilt after all; it is indeed easy to understand that the poet, who came to feel such a deep sympathy for Hero as he now conceived her, could not remain strictly faithful to the sterner creed of duty. As in the case of *Sappho*, where a lyrical feeling of elation had led to a complete change of attitude on the author's part, Grillparzer seems to have allowed himself to be carried away, fortunately we may say, from the sternness of his preconceived standpoint by the sheer emotional force of what he came to write. One might almost say that the poet in Grillparzer again rises superior to the dramatist, as with *Sappho*, or perhaps rather, in this case, to the higher-moralist in him.

Thus completed, *Des Meeres und der Liebe Wellen* was handed over to the copyist on 26 February, 1829, and pre-sumably submitted for approval and performance at the Hofburgtheater soon afterwards; but delays occurred, and the work was not produced until 5 April, 1831, when it proved a failure. The first three Acts were greeted with 'frenzied applause', the last two were received in stony silence. Laube,[1] who as theatre-manager successfully revived it in 1851, attributed this failure to the inadequate perform-ance of Hero's role by Julie Gley (later Frau Rettich), especially in the difficult fourth Act ('a dramatic steppe'). But Laube may have been in part mistaken: the naïve Viennese public, loth to contemplate tragedy, may simply have resented the stern measures of the priest—the explana-

[1] See his *Nachwort zu DMudLW* in *Cotta*[1].

tion of their cold reception of the tragic *dénouement* may be as obvious as that. Grillparzer was at this time inclined to over-estimate the value of the instant popular verdict ('the poet can only be sure that he is properly fulfilling his true mission, if he creates works that are capable of winning popular approval'[1]), and his reaction to this refusal of his masterpiece, which has since become his most popular work, was characteristically drastic (T.1893):

'Sonderbar die Wirkung, die dieses Mißlingen auf mich machte! Anfangs höchst unangenehm, wie natürlich, aber schon den zweiten Tag gewann ein höchst beruhigendes Gefühl die Überhand. Aus der Knechtschaft des Publikums und des Beifalls gekommen zu sein, wieder mein eigner Herr, frei zu schreiben oder nicht, zu gefallen oder zu misfallen, kein obligenter Schriftsteller mehr, wieder ein Mensch, ein innerlicher, *stille Zwecke* verfolgender, nicht mehr an Träumen, an Wirklichkeiten Antheil nehmender Mensch!'

This confession underlines by implication what has been said regarding the universal contrast between the two poles of duty and desire, or more personally 'art' and 'life', as being for Grillparzer the crucial issue and reflected in this, as in all his works. It is as if he were saying here that the sacrifice and self-abnegation reflected in this tragedy had been made in vain. He no longer looks upon his dramatic work, his art, as a duty, at any rate not in the narrow sense of the word; but feels inclined to turn away from it to the pursuit of happiness and contentment, to life. The attitude is similar to that which dominated him when he was beginning to write *Sappho*. And it was in this mood that he took up a plan dating from that period of his life and completed *Der Traum ein Leben*.

Yet Grillparzer never completely lost faith in this tragedy as an achievement; for him it seemed to contain that which would justify something of his claim to immortality in the

---

[1] Cf. *German Life and Letters*, vol. 2, Oxford 1938, 'Grillparzer's Rank as Dramatist' (by the present editor), p. 302.

eyes of future judges of his work (T.1893). With some changes it was printed in 1840; certain emendations of the printed text were made by the poet subsequently; they are incorporated in our final text of his work. The initial failure of this tragedy on the stage, however, was far more harmful to Grillparzer than that of his *Goldenes Vlies*, a failure which he had more than half foreseen at the time of handing over the work to the Hofburgtheater. The failure of *Hero* brings us virtually to the end of that period in which Grillparzer sought actively after fame and recognition. The refusal of this 'romantic'[1] love-tragedy led ultimately to his divorcement from the stage.

II.   LITERARY INFLUENCES AND SOURCES

In formal respects, in structure and diction, as also obviously in setting and choice of subject-matter, Grillparzer's tragedy of *Hero* conforms to the classical or Hellenistic tradition established in German drama by Goethe and Schiller; it thus reflects and represents the poet's principal aim and ambition in this field of endeavour:

'Ich möcht lieber stehen bleiben
Da, wo Goethe, Schiller stand' (G. 893).

Whether this cultural (and political) and at the same time aesthetic ideal of Grillparzer's implies too exalted or too conservative an ambition is still debatable; yet in regard to his actual achievement in the field of drama there are many who are prepared to concede even more than Grillparzer himself claimed, when again, in his autobiography, speaking of his visit (in 1826) to Goethe, he remarks:

'Er ist mir auch in der Folge nicht gerecht geworden, insofern ich mich nämlich denn doch, trotz allem Abstande, für den Besten halte, der nach ihm und Schiller gekommen ist.'

Leaving far behind Grillparzer's own (modest) claim, as also the more local pretensions of his Austrian compatriots

[1] In the sense indicated on p. xv, n. 1.

on their native poet's behalf, and deprecating his 'comparative neglect' at the hands of critics representative of the German nation, the latest tendency in the objective assessment of Grillparzer's achievement is characterized in the following judgement from G. Waterhouse's recent *Short History of German Literature*:

'Grillparzer adds to the achievement of Goethe and Schiller whatever Romanticism has to offer of dramatic value, and it would take a very able critic to establish in what respect his poetry,[1] his psychology, or his stagecraft is inferior to theirs' (p. 116).

Such an estimate does not rest, of course, on the dramatist's achievement in any one particular work; yet the poet himself was probably right in deeming his *Hero und Leander* to be the work which (primarily) 'would justify something of his claim to immortality'.

In structure *Hero* corresponds in the main to classical standards, its subdivision into five Acts permitting conveniently in the first two of that gradual and inevitable convergence of the leading protagonists, which culminates in the middle Act, leaving two more subdivisions or phases to prepare and compass the catastrophe and our acceptance of it with tears in the catharsis. The whole action is compressed within a period of little more than two days, in close observance, not of any derived Rules of the Unities, but of the more fundamental principle of 'continuity' which covers these rules. It is true there are necessary, but strictly limited, changes of scene; these, however, are such as to be well within the range of the characters' movements since they last appeared on the stage. It is instructive to note how, at the close of nearly each Act or scene of this model tragedy, the characters make their exit (as in 'precurtain' classical drama): in anticipation, as it were, of their next dramaturgic assignation. This provision fosters and maintains the illusion of present actuality and continuity

---

[1] By this we are doubtless meant to understand 'dramatic verse for actual stage performance'; see below.

of action, despite changes of scene—a continuity which is the flowing life-blood of dramatic presentation.

Features of this kind easily escape notice when a drama, intended to be *seen* and *heard*, is merely read. In the same way the diction of a verse-drama may come to be judged as if the criteria normally applicable to literary verse or 'poetic (book-)drama' were valid. In point of fact, this has happened repeatedly in regard to Grillparzer's works, particularly in cases of alleged lapses into Viennese colloquialisms, as referred to in the notes; it should be remembered that the test of their artistic congruency is their effectiveness in actual performance on the stage. There it becomes evident that these 'inequalities' are as purposeful and acceptable as in Lessing's *Nathan*, the work which established blank verse as the appropriate, but not austere nor too exalted, medium of the German poetic stage drama. This form of metrical expression, as used by both these dramatists, while calculated like the verse forms of Greek and Elizabethan drama to lend immortality to memorable speech, is yet so natural and so well adapted to its function as to be not only, as Lessing put it, 'easier to write' than prose; but also realistic and modern enough to merit, in Grillparzer's instance, the discriminating praise accorded it by E. Reich. Referring in particular to the love scene in Act III, because of its beauty and truth to life, as the best example of a love scene to cite against Bulthaupt's well-known argument in favour of the poetry and glowing lyricism of the balcony scene in *Romeo and Juliet*, he writes:

'Grillparzers Technik schreitet da zwischen gar zu prunkvoller Rhetorik und eigenwilliger Hintansetzung der Bedürfnisse jeder Bühnenkunst mit glücklichem Takt den Pfad geLeifter Theaterübung. Er gewährt dem Gefühl passenden Ausdruck, hütet sich aber vor hochklingenden, darum ihm nicht angehörigen Worten, wie sie stets ein äußeres Erborgtes blieben, und spricht, ohne die "Bescheidenheit der Natur" zu verletzen, doch erhöhten, bewegten Seelenzustand aus. Grillparzer entgeht der Charybdis stolzester Pathetik, ohne der Scylla theoretisch

verstockter Naturalistik zu verfallen, auch hierin ein
Wegweiser echter, moderner Kunst' (p. 172).

Die Tragödie von 'Yorkschire'[1]

Quite the most fascinating indication of a specific source
of literary influence on *Des Meeres und der Liebe Wellen*—
and it is practically the only one revealed (were it not for a
slip[?]) by Grillparzer himself—is to be found among some
observations on the characters, supplied as an aid to the
actors in preparation for the production of the play.

Though the theme of Grillparzer's tragedy at once
suggests a comparison with Shakespeare's *Romeo and Juliet*,
the evidence so far assembled would hardly do more than
suffice to show that Grillparzer knew the work, and that he
was influenced by it in certain of its externals. Of this order
of influence are such passages as the one in which Hero,
believing her lover to be far away, is emboldened to address
words to him into the night, whereupon Leander unexpec-
tedly replies (like Romeo: 'I take thee at thy word,' Act II,
Sc. ii) from close at hand (l. 1061). There is, too, apart from
the general similarity between the balcony scene in *Romeo
and Juliet* and the tower scene here, the circumstance of
Leander's having climbed the tower without aid, as Romeo
had climbed the orchard walls, and the consequent inquiry
from Hero, parallel to that of Juliet.

E. Gross[2] speaks of the similarity between the functions of
Benvolio and Naukleros in the two plays, and of the resem-
blance between the characters of Romeo and Leander, how
they both behave when in love, and how, apart from out-
wardly hostile circumstances, they both bring about the
catastrophe through their blind precipitation. But it is
chiefly through a development of the thought contained in
the following passage that we shall be able to trace the
subtler and more interesting of Shakespeare's influences:

'Hero wie Julia wird durch die erwachende Leidenschaft

[1] The main subject-matter of this section was originally printed in the
Modern Language Review, vol. xxi (1926), p. 419 ff., under the title 'Grill-
parzer's Hero and Shakespeare's Juliet'.
[2] Gross, E.: *Grillparzers Verhältnis zu Shakespeare, Shakespeare-Jahrbuch,*
vol. li (1915), p. 1 ff. (Ref. here to p. 31.)

xxvi DES MEERES UND DER LIEBE WELLEN

in allen Tiefen ihres Wesens umgewandelt, beide scheinen in ihrem Gesamtdasein auf eine neue Entwicklungsstufe emporgehoben zu sein. Mit der Liebe erwacht ihr eigentliches Weibsein, ein psychologischer Vorgang, den Grillparzer auch an "Esther" und "Libussa" schildert.'

On the same page Gross uses the words:

'Nur einen leisen Wiederklang der liebegesättigten Stimmung aus der Abschiedsszene zwischen Romeo und Julia nach gemeinsam verbrachter Nacht (III, 5), wird man in Heros Stimmung am Morgen nach dem genossenen Liebesglück im Turm erkennen, wenn sich in ihr, wie in Julia, die unter tiefstem Erleben erwachte Frau enthüllt.'

It is rather the contrary which seems to be the case. The whole of Act IV is full of this state of feeling in Hero. And she resembles Juliet in other respects too. Is she not like her in being 'dämonisch'—in the sense in which Goethe applies the word to Egmont, and in which sense we shall find Grillparzer himself using it below—in her blindness to danger and deafness to warning? Is she not like her in becoming so utterly careless of everything that had previously occupied her mind and affections? Are not both 'possessed'? As a result of real love having taken possession of her whole being, in her complete surrender to passion, Juliet becomes blind to filial duty, to her own and Romeo's danger, careless of all other ties, and capable of deceit. How eloquent of the power of real love to change her whole nature is the way in which Juliet receives the news of her cousin's death at Romeo's hands, and the way in which she behaves while

> . . . bloody Tybalt, yet but green in earth,
> Lies festring in his shroud (Act IV, Sc. iii).

In the same way Hero's nature is changed. She, too, becomes forgetful of her duty and filial affections, becomes deaf to warning, blind to Leander's danger and her own, and capable of wilful deceit. But she is (in the finished work) of a much less passionate nature than Juliet;[1] and Grill-parzer's representation of the effect of love upon her, in maturing her to womanhood in the sense in which Juliet is matured, takes forms not essentially different from, though gentler than in Juliet's case.

As far back as 1820 Grillparzer had planned to repre-sent Hero as being 'matured to womanhood' in Act IV, as is seen in the plan sketched out in his diary during the autumn of that year. This Hero—akin to Charlotte Paum-gartten—was of a much more passionate nature than the later one, and the third Act was planned to end with a scene in which the chaste, natural, and naïve Hero, as we know her now, is nowhere in evidence. She is, in fact, more closely allied to Juliet at this stage. After a second meeting with Leander she agrees to receive him into her tower at night. They arrange to carry on a clandestine intercourse and do so. Both of them practise deceit and subterfuge, and, in general, there is very little trace of the finer elements and more attractive qualities of the later work.

Even in January 1827, as already stated, Grillparzer cannot have had a conception of Hero materially different from that of the early plan. This is clear from two passages referred to by Reich as being written on one of the numberless pages[2] of Grillparzer's preliminary notes and plans for *Hero*. This page of Grillparzer's manuscript, which is the only one bearing a date, was written on 8 January, 1827. Reich quotes from it (p. 174): 'Hero soll von vornherein einen Zug zur Heftigkeit haben.' This is certainly not applic-able to the later Hero; and elsewhere (among those remarks on the characters of the play which are again to be referred to, and which are doubtless of later date) we find Grillparzer writing: 'Hero mit einem durchgehenden Zuge von *Heiter*-

---

[1] Reich, op. cit. (4th ed.), p. 171, speaks of 'die allzu überhitzte Leiden-schaftlichkeit, die Temperamentfülle, wie sie wenig englisch mit südlicher Glut in Romeo und Julia aufschäumt', in contrast to Hero.

[2] Cf. ibid., p. 173. These 'numberless' pages have presumably come to light in the 'Apparatband zur Hero' (*Wke*, i, 19), which was published in 1939, just before the outbreak of the war. I regret that I have been unable to obtain access to it.

keit' (the last word underlined).[1] This passage bears the distinct aspect of being a conscious revision of the above, made by Grillparzer with the earlier notes in front of him,

The second passage referred to by Reich as being written on the same page of Grillparzer's manuscript on 8 January. 1827, is the well-known one referring to Charlotte Paumgartten and the lamp-motive.[2] Grillparzer had made a note on this point, in the first place, in his diary for the year 1819, before his work on *Hero* had begun.[3] Strangely enough, though many Grillparzer commentators have quoted this passage, none of them has remarked that, however well it may suit Grillparzer's earlier conception of a passionate Hero in 1820 and 1827, it does not apply (in the same sense) to the later Hero. Charlotte Paumgartten had set the lamp on the floor in order to have her arms free for an embrace, an act resulting from a state of feeling such as we could understand in the earlier Hero (or in Juliet), but certainly not in the later one; and whereas Grillparzer writes in 1827: 'Nicht gerade die Begebenheit soll dort Platz finden, sondern die Gesinnung, die Gemüthsstimmung,' in the finished work it is the incident itself which is utilized,[4] while the state of feeling prompting Hero's action is entirely different. Maidenly modesty has taken the place of ardent passion.

It seems impossible to doubt that when he first conceived

[1] First quoted from Grillparzer's manuscript by H. Laube, *Grillparzers Sämmtliche Werke*, Stuttgart 1872, vol. v, p. 131.

[2] Quoted by Backmann (*Wke*, i, 4, note to *Hero*, l. 1255) as follows: 'Im 3. Akte zu gebrauchen, wie damals Charlotte, als sie den ganzen Abend wortkarger und kälter gewesen, als sonst, beim Weggehen an der Hausthür das Licht auf den Boden setzte, und sagte: ich muß mir die Arme freimachen, um dich zu küssen. Nicht gerade die Begebenheit soll dort Platz finden, sondern die Gesinnung, die Gemüthsstimmung.'

[3] Cf. *Wke*, ii, vol. vii, p. 239, No. 607: 'Wie sie trotzig war den ganzen Abend und höhnisch fast und unhöflich, beim Fortgehen aber das Licht auf den Boden setzte und sprach: Ich muß dich küssen und mich umfieng und an sich drückte mit all der verzehrenden Gluth der Leidenschaft und des Verlangens. Studiere diesen Charakter genau. Dem Dichter kommt nicht leicht ein interessanterer vor.'

[4] Act III, l. 1255, Hero: (das Licht auf den Boden stellend) 'Die Lampe solls nicht sehen.' (See n. to 1255.)

his *Hero*, Grillparzer thought of modelling his heroine, not only on Charlotte Paumgartten as he knew her, but also on Shakespeare's heroine. Here we may have the key to a difficulty that appears to have baffled all Grillparzer's commentators and editors. It occurs in a note of Grillparzer's, originally published by Laube in his (the first) collected edition of Grillparzer's works, and frequently re-quoted by later editors—though in some cases[1] without the final sentence, which contains the difficulty in question. The note, written on the same (undated) page of manuscript as the words quoted above: 'Hero mit einem durchgehenden Zuge von *Heiterkeit*' (which, as has been observed, looks like a revision of an 1827 note), runs as follows:

'Im vierten Akte ... ist sie (Hero) schon wieder ins Gleichgewicht des Gefühls gekommen, aber eines neuen, des Gefühls als *Weib*. Zwar im Gleichgewichte, aber doch höchst gesteigert, sensuell, all das Dämonische, die ganze Welt Vergessende, taub und blind, was die Weiber befällt, wenn eine wahre Liebe eine Beziehung auf die Sinne bekommen hat. Dasselbe, was mir dem Weibe in der Tragödie von Yorkshire eine so furchtbare Wahrheit giebt, nur unendlich gemildert durch Heros Charakter.'

In the light of what has been said above, the phrase 'unendlich gemildert durch Heros Charakter' shows this note to have been written after the change in Grillparzer's conception of his heroine. We may therefore regard it, too, as possibly, if not probably, a revision of an earlier note—a possibility which must be borne in mind in attempting to account for the mention here of the *Tragödie von Yorkshire*.

At first sight it looks as if Grillparzer might have been referring to the so-called *Yorkshire Tragedy*, which he may well have known as a work attributed by some to Shakespeare's pen.[2] But he *could not possibly* have meant to refer

---

[1] The sentence is omitted, for example, in Meyer's *Klassiker-Ausgabe*, and even by Backmann in *Wke*, i, 4.

[2] The play had been published at Stationers' Hall in 1608 with Shakespeare's initials on the title-page. Sir Sidney Lee suggested, as the real author, Geo. Wilkin, the author of *The Miseries of Inforsed Marriage*. An

to the one woman who figures in this work. In the few glimpses we get of Calverly's wife, we can trace no vestige of resemblance in her to either the earlier or the later Hero, whether in her character, in her state of feeling at any time, or in her experiences. She is docility itself, and dutifulness, and wifely devotion, under the most extreme provocation. Nor has any other tragedy with 'Yorkshire' either in the title, or as the name of the author, been discovered which would make the sentence intelligible. And yet there seems to have been a clear, if tacit, admission on Grillparzer's part of a definite literary influence. The use of the word 'mir'[1] must surely indicate that he knew at first hand the tragedy referred to and wished to record the vivid impression made *upon him* by the woman character in it, whose portrayal on becoming matured to womanhood, as Hero is matured, he thought 'so terribly true to life'. The problem gains both in interest and significance when we realize that the influence suggested by Grillparzer's words is not only of a fundamental character, but is also of a type which would perhaps only find its way into the writings of a dramatist of his particular perceptions and psychological bent. As a matter of fact, Grillparzer's continuous interest in and employment of this very motive, which he found confirmed in his own experience of love for 'Therese',[2] dates back to the period about 1810, that of the 'greatest literary experience of his youth, Shakespeare and especially *Romeo and Juliet*'.[3] The influence of this work—so revealing (for Grillparzer) of *love's tragic dominion and daimonic power*— is reflected in the fragments 'Spartakus', 'Seelengröße', etc. then in *Die Ahnfrau, Sappho, Das goldene Vlies*, and now, above all, here.

Moreover, since Grillparzer's words, as they now stand, fail to enlighten us as to the actual source of this basic

edition of *The Yorkshire Tragedy* appeared in Vienna in 1812, and it had been published in translation (*Das Trauerspiel in Yorkshire*) in various 'Supplement-Bänden' to Shakespeare's works by that time.

[1] This word has been repeatedly omitted by inadvertence in editions subsequent to *Cotta*[1].

[2] Cf. Backmann's Intro. *Wke*, i, 4, p. viii.   [3] Cf. ibid.

influence on *Des Meeres und der Liebe Wellen,* and in view of the striking parallelism between his Hero (especially the earlier one) and Juliet, the conjecture suggests itself that the word 'Yorkshire' is an error and that it should read 'Shakspeare'.[1] An inquiry at the Grillparzer-Archiv in Vienna has elicited the interesting information that the manuscript used by Laube reads 'Yorkschire'.[2] It remains now to offer some possible explanation of the mistaken changing (if such it be) of 'Shakspeare' into 'Yorkschire'. The error might be accounted for in various ways, but perhaps most plausibly by suggesting that if Grillparzer was copying out some notes made by himself at an earlier period of his work upon *Hero,*[3] he might easily have first misread the word 'Shakspeare' as 'Yorkschire' and written it so, in the version we have before us, as a result of over-haste, thoughtlessness, or lack of sympathetic contact with his earlier text. In German script, and especially in Grillparzer's hand-writing, the words 'Yorkschire' and 'Shakspeare' are strikingly similar in general appearance. There is remarkably little to choose between his writing of 'Y' and 'Sh', or between (and this is how the mis-spelling 'Yorkschire' may arise) 'ch' and 'p'. If Grillparzer's writing of the two words could be reproduced here, it would be seen that they look almost identical, the only noticeable difference between them lying in the vowel before the second 'r'. The error may have resulted from other attendant circumstances as well (e.g. a recent chance reminder of the existence of a supposedly Shakespearian play entitled 'The Yorkshire Tragedy'), circumstances of which we can have no knowledge. But if we may assume, as in fact assume we must, that Grillparzer had meant to write 'Dasselbe was mir dem Weibe in der Tragödie von *Shakspeare* eine so furchtbare Wahrheit giebt, nur unendlich gemildert durch Heros Charakter,' we see how reasonable and illuminating, in the light of his preceding remarks on Hero's state of feeling

---

[1] Grillparzer frequently uses this spelling.
[2] Dr. Backmann kindly provided a tracing.
[3] We saw how probable it was that Grillparzer re-wrote and changed the passage referred to by Reich as being written on 8 Jan., 1827.

in Act IV, such an observation would be. It would follow that the tragedy in question was *Romeo and Juliet*, the one love-tragedy by Shakespeare most allied to Grillparzer's in theme, and that the woman referred to was Juliet herself.

An influence of such a kind as has been here deduced, implicitly indicated as it seems to be by Grillparzer himself, is of a highly significant order. Grillparzer's reaction is not merely emulative, unoriginal, or imitative; but congenial with Shakespeare, confirmed by experience, and creative of art. It underlies the root conception of this tragedy.

Other Sources

If we now turn to a consideration of the influence on Grillparzer exercised by previous treatments of the 'Hero and Leander' story itself, it will be to bring out those main contributions to the theme's tradition which affected Grillparzer. Details respecting individual motives from them are given (as also, e.g., for *Romeo and Juliet*) in the notes.[1]

Stimulated perhaps in the first instance, as Backmann suggests,[2] by some impulse imparted by a chance reminder, or by the perusal of a passage on 'Hero and Leander' like Wieland's in *Schach Lola*, Grillparzer seems to have based his 1820 plan—if we except for the moment his underlying personal experience—in large part on hints from Franz Passow's edition of Musaeus's version of the legend

---

[1] A reference list to notes on motives from the respective works is tabulated for convenience as follows:

> *Musaeus: Hero and Leander*, 20 ff., 71 f., 606 ff., 1036 f., 1104 ff., n. intro. Act IV.
>
> *Ovid: Heroides*, 1026/35, 1255, n. intro. Act IV.
>
> *Marlowe: Hero and Leander*, 480, 500, 502 S-D., 586/8, 606 ff., 681 f., 1069 ff., 1080, 1229, 1247 f., 1369, 1373 f., 1544 S-D., 1592 ff., 1641/44, 1646 ff., 1901 ff.
>
> *Shakespeare: Romeo and Juliet*, 458, 480, 505 ff., 533, 606 ff., 1060, 1076 f., 1244 f., n. intro. Act IV, 1443, 1449, 1592 ff., 1750, 1774 ff., 1801 ff., 1812, 2060 f.
>
> Further:
>
> *Euripides: Ion*, S-D. Act I, 19, 266 ff., n. intro. Act II.
>
> *German Folksong*, 1415.
>
> *Schiller's* Ballad, 1602.

[2] Intro. *Wke*, i, 4, p. ix f.

(*c*. A.D. 500). In virtue of its enthusiastic and perhaps extravagant praise of this poem, Passow's attractive booklet was well constituted to fulfil for Grillparzer this initial rôle. The commentator lauds Musaeus's reconciliation of the classical and romantic ideals, the dramatic qualities and the genuine tragic conception, the figurative plasticity, the impressive setting and human significance of the poem—attributes these which, if not actually present in the measure implied, were at any rate realized to the full in Grillparzer's ultimate response to such encouraging representations.

Georg Knaack unconsciously pays Grillparzer a very high compliment when, in his study on 'Hero and Leander' in classical literature, he remarks, somewhat illogically perhaps, that his own hypothesis that a 'genuine' and highly poetical original epic form of the legend must have existed and served Ovid and Musaeus as a source, receives support from Grillparzer's practical proof that such a genuinely poetical treatment was possible.[1] In other words, he credits Grillparzer with having restored to the world more or less what had been lost, although he makes the reservation that the form ought, strictly speaking, to have been not dramatic but epic, as in the supposed original. What Knaack is chiefly concerned with, is to show how undeserving the grammarian Musaeus's 'epyll' is of the praise which has been meted out to it by such people as Passow, Schwering (and latterly Backmann), and to show that Musaeus's work was nothing but a 'botched version' of an infinitely more poetical original. However that may be, it is significant that Grillparzer, too, in his use of Musaeus's epic poem as a source soon became conscious of its poetic defects. He perceived that in the interests of the work as a whole, and particularly in the interests of his Hero, it would be necessary to proceed from a higher seriousness of moral purpose and a higher conception of love than Musaeus had done, or than was evident in his own plan of 1820 as influenced by Musaeus.

[1] Knaack, G.: *Hero und Leander* (in Festgabe für Fr. Susemihl, Leipzig 1898), p. 82.

A

Grillparzer's early plan, in its introduction of the high-priest, may also have been in part influenced by the German folksong, which, in introducing the 'falsche Nonne' to extinguish the lamp, alone established a potentially 'dramatic' relationship between this event and the catastrophe. In all the other sources the lamp is extinguished without human agency by the 'epic' storm. The reason why the storm itself, as an embodiment of Fate (e.g. in Schiller's unequal ballad treatment) or of Destiny, or Chance, was insufficient, has already been pointed out.

Later, in 1822, as mentioned above, Grillparzer noted down that Marlowe had written a *Hero and Leander*. Though this indication has not been positively followed up by previous investigators, there can hardly be any doubt that Grillparzer's personal experience aside[1] this was the most important influence subsequent to that of Passow's Musaeus. There is, in fact, more than enough material for a footnote in the following salient features of Marlowe's poem, listed by Kind (p. cxvi, fn.) as differing from Musaeus (and from Grillparzer's early plan), but present in Grillparzer's finished work:

'Altho there is no documentary evidence available to show that Grillparzer knew the fragment of Marlowe, which was completed by Chapman, there are interesting parallels between the Marlowe-Chapman poem and Grillparzer's drama: The action is confined to three days. There is only one night of love. Hero and Leander love each other at first sight. Leander is depicted as a bashful, reticent youth, inexperienced in affairs of the heart; but his first meeting with Hero completely changes him: he boldly wears her purple hair ribbon about his arm and her consecrated ring on his finger as tokens of his triumph; and he is filled with but one desire—the enjoyment of Hero's love. Despite his father's rebuke and attempt to prevent further meetings of the lovers (in our drama the rôle of

---

[1] Notes dealing with aspects of Grillparzer's personal experience reflected in the work occur as follows: 443, 505 ff., 516, 524, 533, 541, 542/50, 581, 606 ff., 621/36, 712 f., 888, 945 ff., 977/95, 1255, 1279 f.

Naukleros), Leander surprises Hero by swimming over to her tower. Hero's ideals also undergo a complete change thru love. Finally, when she spies Leander's shattered form, she casts herself upon his body, and dies of a broken heart.'

If we add to these significant points the substance of certain observations in our commentary—more especially those dealing with the lovers' first encounter (l.500, 502/S-D.); with love's dominion over its victims and the precedent in Marlowe for Hero's 'Komm morgen dennl' (l.1229); with the change in Leander from torpor to vigour (l.1592 ff.); and not least the note relating to the evidence of personal experience as the fundamental source of inspiration in Marlowe's as in Grillparzer's work (l.1646 ff.)—little doubt will remain that Grillparzer's tragedy is materially indebted to Marlowe's work, which Swinburne characterized as one of 'rare and even unique poetic accomplishment'.

DES MEERES UND DER LIEBE WELLEN

TRAUERSPIEL IN FÜNF AUFZÜGEN

PERSONEN

HERO
DER OBERPRIESTER, ihr Oheim
LEANDER
NAUKLEROS
IANTHE
DER HÜTER des Tempels
HEROS ELTERN
DIENER. FISCHER. VOLK.

ERSTER AUFZUG

Vorhof im Tempel der Aphrodite zu Sestos. Den Mittelᵉ und bilden Säulen mit weiten Zwischenräumen, das Peristyl bezeichnend. Im Hintergrunde der Tempel, zu dem mehrere Stufen emporführen. Nach vorne, rechts die Statue Amors, links Hymenäus' Bildsäule. Früher Morgen.

HERO

(ein Körbchen mit Blumen im Arme haltend tritt aus dem Tempel und steigt die Stufen herab)
Nun, so weit wärs getan. Geschmückt der Tempel,
Mit Myrt und Rosen ist er rings bestreut
Und harret auf das kommende, das Fest.

Und ich bin dieses Festes Gegenstand.
5   Mir wird vergönnt, die unbemerkten Tage,
Die fernhin rollen ohne Richt und Ziel,
Dem Dienst der hohen Himmlischen zu weihn;
Die einzelnen, die Wiesenblümchen gleich,
Der Fuß des Wanderers zertritt und knickt,
10 Zum Kranz gewunden um der Göttin Haupt,
Zu weihen und verklären. Sie und mich.

Wie bin ich glücklich, daß nun heut der Tag;
Und daß der Tag so schön, so still, so lieblich!
Kein Wölkchen trübt das blaue Firmament,
15 Und Phöbus blickt, dem hellen Meer entstiegen,
Schon über jene Zinnen segnend her.
Schaust du mich schon als Eine von den Euren?
Ward es dir kund, daß jene muntre Hero,
Die du wohl spielen sahst an Tempels Stufen,
20 Daß sie, ergreifend ihrer Ahnen Recht,
Die Priester gaben von Urväterzeit
Dem hehren Heiligtum — daß sies ergreifend
Das schöne Vorrecht, Priesterin nun selbst;
Und heute, heut; an diesem, diesem Tage.
25 Auf jenen Stufen wird das Volk sie sehn
Den Himmlischen der Opfer Gaben spendend.
Von jeder Lippe ringt sich Jubel los,
Und in dem Glanz, der Göttin dargebracht,
Strahlt auf der Priestrin Haupt —
Allein, wie nur?
30 Beginn' ich mit Versäumen meinen Dienst?
Hier sind noch Kränze, Blumen hab' ich noch,
Und jene Bilder stehen ungeschmückt?

Hier, Hymenäus, der die Menschen bindet,
Nimm diesen Kranz von Einer, die gern frei.
35 Die Seelen tauschest du? Ei, gute Götter,
Ich will die meine nur für mich behalten,
Wer weiß, ob eine andre mir so nütz?

Dir Amor sei der zweite meiner Kränze.
Bist du der Göttin Sohn, und ich ihr Kind,
40 Sind wir verwandt; und redliche Geschwister
Beschädigen sich nicht und halten Ruh.
So seis mit uns, und ehren will ich dich,
Wie man verehrt, was man auch nicht erkennt.

Nun noch die Blumen auf den Estrich. — Doch
45 Wie liegt nur das Geräte rings am Boden?
Der Sprengkrug und der Wedel, Bast und Binden.
Saumsel'ge Dienerinnen dieses Hauses
Euch stand es zu. Übt so ihr eure Pflicht?
Lieg immer denn, und gib ein kundbar Zeugnis —
50 Und doch, es martert mein erglühend Auge.
Fort, Niedriges, und laß mich dich nicht schaun.
        (Sich mit Zurechtstellen beschäftigend.)
    Dort kommt der Schwarm, von lautem Spiel erhitzt,
Nunmehr zu tun, was ohne sie vollendet.

(IANTHE und mehrere DIENERINNEN kommen.)

IANTHE
Ei, schöne Hero, schon so früh beschäftigt?

HERO
55 So früh, weils Andre nicht, wenn noch so spät.
        (Die Dienerinnen stellen das Übrige zurecht.)

IANTHE
Ei seht, sie tadelt uns, weil wir die Kanne,
Das wenige Gerät nicht weggeschafft.

HERO
Viel oder wenig, du hasts nicht getan.

IANTHE
Wir waren früh am Werk und sprengten, fegten.
60 Da kam die Lust, im Grünen uns zu jagen.

HERO

Drauf gingt ihr hin und — Nun, beim hohen Himmel!
Als du den leichten Fuß erhobst und senktest,
Kam dir der Vorhof deiner Göttin nicht,
Dein unvollendet Werk dir nicht vors Auge?
65 Genug, ich fass' euch nicht, wir wollen schweigen.

IANTHE

Weil du so grämlich bist und einsam schmollst,
Beneidest du dem Frohen jede Lust.

HERO

Ich bin nicht grämlich, froher leicht als ihr,
Und oft hab' ich zur Abendzeit beklagt,
70 Wo Spiel vergönnt, daß ihr des Spielens müde,
Doch nehm' ich nicht dem Ernste seine Lust,
Indem ich mit des Scherzes Lust sie menge.

IANTHE

Verzeih, wir sind gemeines, niedres Volk.
Du freilich, aus der Priester Stamm entsprossen —

HERO

75 Du sagst es.

IANTHE

Und zu Höherem bestimmt.

HERO

Mit Stolz entgegn' ich: ja.

IANTHE

Ganz andre Freuden,
Erhabnere Genüsse sind für dich.

HERO

Du weißt, ich kann nicht spotten; spotte nur!

IANTHE

Und doch, gingst du mit uns, und sahst die Beiden,
80 Die fremden Jünglinge am Gittertor—

HERO

Nun schweig!

IANTHE

Was gilts? du blinzeltest wohl selber
Ein wenig durch die Stäbe.

HERO

Schweige, sag' ich.
Ich habe deiner Torheit Raum gegeben,
Leichtfertigem verschließt sich dieses Ohr.
85 Sprich nicht und reg dich nicht! denn bei den Göt-
tern!
Dem Priester, meinem Oheim sag' ichs an,
Und er bestraft dich, wie dus wohl verdienst.
Ich bin mir gram, daß mich der Zorn bemeistert,
Und doch kann ich nicht anders, hör' ich dies.
90 Du sollst nicht reden, sag' ich, nicht ein Wort!

Der PRIESTER, von dem TEMPELHÜTER begleitet, ist
von der rechten Seite her aufgetreten.

HERO

(ihm entgegen)
O wohl mir, daß du kömmst, mein edler Ohm.
Dein Kind war im Begriff zu zürnen, heut,
Am Morgen dieses feierlichen Tags,
Der sie auf immer — O verzeih, mein Ohm!

PRIESTER

95 Was aber war der heißen Regung Grund?

HERO

Die argen Worte dieser Leichtgesinnten;
Der frevle Hohn, der was er selbst nicht achtet,
So gern als unwert aller Achtung malte.
O daß die Weisheit halb so eifrig wäre
100 Nach Schülern und Bekehrten, als der Spott!

PRIESTER

Und welche wars, die vor den Andern kühn,
Die Sitte unsers Hauses so verletzt?

HERO

(nach einer Pause)
Genau besehn, will ich sie dir nicht nennen,
Ob ihr die Rüge gleich gar wohl verdient.
105   Schilt sie nur Alle, Herr, und heiß sie gehn,
Die Schuld'ge nimmt sich selbst wohl ihren Teil.
(Zum Tempelhüter)
Du aber sieh zum äußern Gittertor,
Damit nicht Fremde —

PRIESTER

Hätte denn — ?

HERO

Ich bitte!

PRIESTER

So geh! — Und ihr! und meidet zu begegnen
110   Dem Zorne, der sein Recht und seine Mittel kennt.

(Der Tempelhüter nach der linken, die Mädchen nach
der rechten Seite ab.)

HERO

Nun ist mir leicht! Ich könnte sie bedauern,
Wenn ihre Torheit an sich selber zehrte,
Nicht um Genossen würb' und Billigung.

PRIESTER

So sehr mich freut, daß du den Schwarm vermeidest,
115   Und aus der Menge nicht die Freundin wählst,
So sehr befremdet mich, ja ich beklag' es,
Daß dich zu Keiner unter deines Gleichen
Des Herzens Zug, ein still Bedürfnis führte.
Ein einsam Leben harrt der Priesterin,
120   Zu Zweien trägt und wirkt sichs noch so leicht.

HERO

Ich kann nicht finden, daß Gesellschaft fördert;
Was Einem obliegt muß man selber tun.
Dann, nennst du einsam einer Priestrin Leben?
Wann war es einsam hier im Tempel je?
125 Vom frühen Morgen drängt die laute Menge,
Aus Ost und Westen strömt herbei das Volk.
Von Weihgeschenken und von Opfergaben,
Von Festeszügen, fremden Beterscharen
War nimmer dieses Hauses Schwelle leer.
130 Dann fehlts ja nicht an mancherlei zu tun:
Der Wasserkrug, der Opferherd, die Kränze,
Und Säul und Sockel, Estrich und Altar
Zu reinigen, zu schmücken, zu bewahren.
Wo bliebe da zum Schwätzen wohl die Zeit,
135 Zum Kosen mit der Freundin, wie du meinst.

PRIESTER

Du hast mich nicht gefaßt.

HERO

Wohl denn, es sei!
Was man nicht faßt, erregt auch kein Verlangen.
Laß mich so wie ich bin, ich bin es gern.

PRIESTER

Doch kommt die Zeit und ändert Wunsch und Nei-
gung.

HERO

140 Man klagt ja täglich, daß der Unverständ'ge
Beharrt und bleibt, man tadl' ihn wie man will;
Weshalb nun den Verständ'gen unverständ'ger
Und unbeständ'ger glauben als den Tor?

Ich weiß ja was ich will und was wir wählten,
145 Wenn wählen heißen kann, wo keine Wahl.
Vielmehr ein glücklich Ungefähr hat mich
Nur halb bewußt an diesen Ort gebracht,

Wo — wie der Mensch, der müd am Sommerabend
Vom Ufer steigt ins weiche Wellenbad,
150 Und, von dem lauen Strome rings umfangen,
In gleiche Wärme seine Glieder breitet,
So daß er, prüfend, kaum vermag zu sagen:
Hier fühl' ich mich und hier fühl' ich ein Fremdes —
Mein Wesen sich hindangibt und besitzt.
155 Aus langer Kindheit träumerischem Staunen
Bin hier ich zum Bewußtsein erst erwacht;
Im Tempel, an der Göttin Fußgestelle
Ward mir ein Dasein erst, ein Ziel, ein Zweck.
Wer, wenn er mühsam nur das Land gewonnen,
160 Sehnt sich ins Meer zurück, wo's wüst und schwin-
     delnd?
Ja, diese Bilder, diese Säulengänge,
Sie sind ein Äußeres mir nicht, ein Totes;
Mein Wesen rankt sich auf an diesen Stützen,
Getrennt von ihnen, wär' ich tot wie sie.

PRIESTER

165 Nur hüte dich, daß so beschränktes Streben
Ein Billiger nicht möge selbstisch nennen!
Es hält der Mensch mit Recht von seinem Wesen
Jegliche Störung fern; allein sein Leben,
Ablehnend alles andre, nur auf sich,
170 Des eignen Sinns Bewahrung zu beschränken,
Scheint widrig, unerlaubt, ja ungeheuer,
Und doch auch wieder eng und schwach und klein.
Du weißt, es war seit undenkbaren Zeiten
Begnadet von den Göttern unser Stamm
175 Mit Priesterehren, Zeichen und Orakeln,
Zu sprechen liebten sie durch unsern Mund:
Lockts dich nun nicht zurück es zu gewinnen
Das schöne Vorrecht, dir zum höchsten Ruhm
Und allem Volk zu segensreichem Frommen?
180 Ich riet dir oft, in still verborgner Nacht
Zu nahen unsrer Göttin Heiligtum
Und dort zu lauschen auf die leisen Stimmen,
Mit denen wohl das Überird'sche spricht.

HERO

Verschiednes geben Götter an Verschiedne;
185 Mich haben sie zur Seh'rin nicht bestimmt.
Auch ist die Nacht, zu ruhn; der Tag, zu wirken,
Ich kann mich freuen nur am Strahl des Lichts.

PRIESTER

Vor allem sollte heut —

HERO

Ich war ja dort,
Noch eh die Sonne kam, in unserm Tempel
190 Und setzte mich bei meiner Göttin Thron
Und sann. Doch keine Stimme kam von oben.
Da griff ich zu den Blumen, die du siehst,
Und wand ihr Kränze, meiner hohen Herrin,
Erst ihr, dann jenen beiden Himmlischen,
195 Und war vergnügt.

PRIESTER
Und dachtest?

HERO
An mein Werk.

PRIESTER
An andres nicht?

HERO
Was sonst?

PRIESTER
An deine Eltern.

HERO
Was nützt es auch? sie denken nicht an mich.

PRIESTER
Sie denken dein und sehnen sich nach dir.

HERO

Ich weiß das anders, doch du glaubst es nicht.
200   War ihnen ich doch immer eine Last,
Und fort und fort ging Sturm in ihrem Hause.
Mein Vater wollte was kein Andres wollte,
Und drängte mich, und zürnte ohne Grund.
Die Mutter duldete und schwieg.
205   Mein Bruder — Von den Menschen all, die leben,
Bin ich nur einem gram, es ist mein Bruder.
Als Älterer, und weil ich nur ein Weib,
Ersah er mich zum Spielwerk seiner Launen.
Doch hielt ich gut, und grollte still und tief.

PRIESTER

210   So zürnst du deinen Eltern?

HERO

                          Zürnen? O!
Vergaß ich sie, geschahs um sie zu lieben.
Auch ist mein Wesen umgekehrt und eben,
Seit mich die Göttin nahm in ihren Schutz.

PRIESTER

Wenn sie nun kämen?

HERO

                          Ach, sie werdens nicht.

PRIESTER

215   Dich heimzuholen.

HERO

                          Mich? Von hier? Vergebens!

PRIESTER

Die Mutter mit dem Bräut'gam an der Hand.

HERO

(zum Gehen gewendet)
Du scherzest, Herr, und ich, ich scherzte nicht.

PRIESTER

Bleib nur! Auch ist es Scherz. Doch deine Eltern
Sind hier.

HERO

Nein! Hier?

PRIESTER

Seit gestern Abends.

HERO

O!

220 Und du verhehltest mirs?

PRIESTER

Sie wolltens selbst,
Die Weihe nicht zu stören dieser Nacht,
Die dir ein Morgen ist für viele Tage.
Doch bist du stark, und mögen sie denn nahn.
Sieh dort den Kommenden. Er wandelt, steht,
225 Holt tiefer Atem, nähert sich.

HERO

Mein Vater?

PRIESTER

Er selber, ja.

HERO

Und ist der Mann so alt?

PRIESTER

Die Frau an seiner Seite —

HERO

Mutter! Mutter!

PRIESTER

Erbleichst du? Eilst den Lieben nicht entgegen
In froher Hast?

HERO

O laß mich sie betrachten!
230   Hab' ich sie doch so lange nicht gesehn!

(HEROS ELTERN kommen.)

VATER

Mein Kind! Hero, mein Kind!

HERO
(auf ihre Mutter zueilend)
O meine Mutter!

VATER

Sieh nur, wir kommen her, den weiten Weg —
Mein Atem wird schon kurz! — So fern vom Hause,
Als Zeugen deines götternahen Glücks.
235   Zu schauen, wie du in der Ahnen Spur
Antrittst das Recht, um das sie uns beneiden,
Die Andern alle rings umher im Land;
Wie um das Amt, mit dem seit manchem Jahr
Bekleidet das Vertraun mich unsrer Stadt,
240   Und das — Die böse Brust! — Was wollt' ich sagen?
Nun eben deshalb kamen wir hierher.
Ei, guten Morgen, Bruder!

HERO
Meine Mutter!

VATER

Sie auch! Auch sie! Ob kränkelnd schon und schwach,
Es duldete sie nicht im leeren Hause.
245   Teil nehmen wollte sie an deinem Glück.
Der Wagen faßt wohl zwei, so kam sie mit.
Erfreuten Sinns. Und wer, wenn noch so stumpf,
Erfreute sich an seinem Kinde nicht,
Wenn es einhergeht auf der Hoheit Spuren?
250   Wer horchte da auf kleinlich dunkle Zweifel,
Auf, was weiß ich? Nu, wie gesagt, erfreut.

HERO

Allein sie spricht nicht.

VATER

Nicht? Frag sie: warum?
Sie spricht wohl sonst, wenns auch nicht an der Zeit,
Im Haus, den langen Tag. Frag sie: warum?
255 Und wieder ists auch besser, spricht sie nicht.
Wer Förderliches nicht vermag zu sagen,
Tut klüger schweigt er völlig. Bruder, nicht?

HERO

O guter Ohm, heiß deinen Bruder schweigen,
Daß meine Mutter rede.

PRIESTER

Bruder, laß sie!

VATER

260 So sprich; allein —

HERO

Nicht so! Nach ihrem Herzen.
Wies ihr gefällt.

MUTTER

(halblaut)
Mein gutes Kind!

HERO

Hörst du? Sie sprach. O süßer, süßer Klang,
So lange nicht gehört. O meine Mutter!

PRIESTER

(in den Hintergrund tretend, zu einem Diener)
Komm hier!

VATER

Nun weint sie gar. Daß doch! — Was schaffst
du, Bruder?
(Er geht nach rückwärts, die Hand dem gleichfalls
dort stehenden Tempelhüter auf die Schulter legend)
265 Ah, du mein Ehrenmann? — Was schafft ihr da?

B

PRIESTER

Ein Ringeltauber flog in diesen Busch,
Wohl gar zu Nest. Das darf nicht sein. He, Sklave,
Durchforsche du das Laub und nimm es aus!

VATER

Wie nur? warum?

PRIESTER

So wills des Tempels Übung.

VATER

270 Doch Jene —

PRIESTER

Laß sie nur!

VATER

Sie reden.

PRIESTER

Laß sie!

HERO

(mit ihrer Mutter im Vorgrunde rechts)
Nun aber Mutter hemme deine Tränen,
Vielmehr sag deutlich was du fühlst und denkst.
Ich höre dich und folge leicht und gern;
Denn nicht mehr jenes wilde Mädchen bin ich,
275 Das du gekannt in deines Gatten Hause,
Die Göttin hat das Herz mir umgewandelt,
Und ruhig kann ich denken nun und schaun.
Auch —

MUTTER

Kind!

HERO

Was ist?

MUTTER

Sie sehn nach uns.

HERO

Ei, immer!
Im Tempel hier hat auch die Frau ein Recht,
280 Und die Gekränkten haben freie Sprache.
Doch ängstet dich ihr Aug, wohlan, so tret' ich
Hin zwischen dich und sie. Kein Blick erreicht dich.
Nun aber sag, ob ich dich recht erriet:
Nicht gleichen Sinns mit deinem Gatten kamst du,
285 Und wäre dir der freie Wunsch gewährt,
Du führtest gar die Tochter mit dir heim.
Aus ihres Glückes sturmbeschützter Ruh
In deiner dunkeln Sorgen niedre Hütte?
Ists also? Ist es wahr? Sprich nein, o Mutter!

MUTTER

290 Kind, ich bin alt und bin allein.

HERO

Allein?
Dir ist dein Gatte ja. Zwar er —? Ein reiches Haus;
Sind Dienerinnen, die dein sorglich warten.

Dann — Gute Götter, so vergaß ich denn
Das beste bis zuletzt. Dir ist mein Bruder,
295 Der bringt die Braut ins Haus und dehnt sich breit,
Und gibt dir Enkel mit der Väter Namen.

MUTTER

Dein Bruder, Kind —

VATER

(im Hintergrunde zum Sklaven)
Greif herzhaft immer zu!

MUTTER

Dein Bruder, Kind, ist nicht mehr unter uns!

HERO

Wie, nicht?

MUTTER

Nach manchem herben Leid,
300 Den Eltern doppelt schwer, verließ er uns,
Verließ die Braut, die sein in Tränen dachte,
Und zog dahin mit gleichgesinnten Männern
Auf kühne Wagnis in entferntes Land.
Zu Schiff, zu Roß? Wer weiß? wer kann es wissen?

HERO

305 So ist er nicht mehr da? Nun doppelt gerne
Kehrt' ich mit dir nach Haus, seit kund mir solches.
Doch ist nicht er, sind da noch Hundert andre,
Von gleichem Sinn und störrisch wildem Wesen.
Das ehrne Band der Roheit um die Stirn,
310 Je minder denkend, um so heft'ger wollend.
Gewohnt zu greifen mit der starren Hand
Ins stille Reich geordneter Gedanken,
Wo die Entschlüsse keimen, wachsen, reifen
Am milden Strahl des gottentsprungnen Lichts.
315 Hineinzugreifen da und zu zerstören,
Hier zu entwurzeln, dort zu treiben, fördern
Mit blindem Sinn und ungeschlachter Hand.
Und unter Solchen wünschest du dein Kind?
Vielleicht wohl gar —?

MUTTER

Was soll ich dirs verhehlen?
320 Das Weib ist glücklich nur an Gattenhand.

HERO

Das darfst du sagen, ohne zu erröten?
Wie? und mußt hüten jenes Mannes Blick,
Des Herren, deines Gatten? Darfst nicht reden,
Mußt schweigen, flüstern, ob du gleich im Recht,
325 Ob du die Weisre gleich, stillwaltend Beßre?
Und wagst zu sprechen mir ein solches Wort?

VATER

(im Hintergrunde)
Die Mutter flattert auf.

MUTTER

O wehe, weh!
Sie haben mir mein frommes Kind entwendet,
Ihr Herz geraubt mit selbstisch eitlen Lehren,
330 Daß meiner nicht mehr denkend, harten Sinns,
Sie achtlos hört der Nahverwandten Worte!

HERO

(von ihr wegtretend)
Ich aber will mit heiterm Sinne wandeln
Hier an der Göttin Altar, meiner Frau.
Das Rechte tun, nicht weil man mirs befahl,
335 Nein, weil es recht, weil ich es so erkannt.
Und Niemand soll mirs rauben und entziehn.
(Mit starker Betonung.)
Wahrhaftig!

DER SKLAVE

(der im Hintergrunde auf einem Schemel stehend,
den Busch durchsucht, strauchelnd)
Ah!

HERO

(umschauend)
Was ist?

MUTTER

So siehst du nicht?
Unschuldig fromme Vögel stören sie
Und nehmen aus ihr Nest. So reißen sie
340 Das Kind auch von der Mutter, Herz vom Herzen,
Und haben des ihr Spiel. O weh mir, weh!

HERO

Du zitterst, du bist bleich.

MUTTER

O seh' ich doch
Mein eignes Los.

PRIESTER

(zu dem Diener, der das Nest in ein Körbchen
gelegt, auf dem oben die brütende Taube sichtbar ist)
Geh nur und trag es fort!
(Der Diener geht.)

HERO

Halt du, und setz es ab, wenns Jene kränkt.
345 Gib sag' ich!
(Sie hat dem Diener das Körbchen abgenommen.)
Armes Tier, was zitterst du?
Sieh, Mutter, es ist heil.
(Die Taube streichelnd.)
Bist du erschrocken?
(Sie setzt sich auf den Stufen der Bildsäule links im
Vorgrunde nieder, das Körbchen in den Händen;
indem sie bald durch Emporheben die Taube zum
Fortfliegen anlockt, bald betrachtend und untersu-
chend sich mit ihr beschäftigt.)

PRIESTER

(zum Diener)
Was ist? Befehl ich nicht?
(Der Diener weist entschuldigend auf Hero.)

PRIESTER

(zu ihr tretend)
Bist du so neu im Dienst,
Daß du nicht weißt was Brauches hier und Sitte?

MUTTER

(rechts im Vorgrunde stehend)
Mein Herz vergeht. O jammervoller Anblick!

PRIESTER

(zu ihr hinübersprechend)
350 Nun also denn zu dir. Schwachmütig Weib,
Was kommst du her, zu stören diese Stunde?
Und staunst ob dem was du doch längst gewußt,

Der heil'gen Ordnung dieses Götterhauses.
Kein Vogel baut beim Tempel hier sein Nest,
355 Nicht girren ungestraft im Hain die Tauben,
Die Rebe kriecht um Ulmen nicht hinan,
All was sich paart bleibt ferne diesem Hause,
Und Jene dort fügt heut sich gleichem Los.

HERO

(die Taube streichelnd)
Du armes Tier, wie streiten sie um uns!

PRIESTER

360 Scheint dir das schwer, und zitterst du darob?
Was willst du? soll sie heim? Komm hier, und nimm
sie!
Was braucht die Göttin dein und deines Kinds?
Nicht ehrt man hier die ird'sche Aphrodite,
Die Mensch an Menschen knüpft wie Tier an Tier,
365 Die Himmlische, dem Meeresschaum entstiegen,
Einend den Sinn, allein die Sinne nicht,
Der Eintracht alles Wesens hohe Mutter,
Geschlechtlos, weil sie selber das Geschlecht,
Und himmlisch, weil sie stammt vom Himmel oben.
370. Was braucht die Göttin dein und deines Kinds?
Geh hin und bette sie in Niedrigkeit,
In der du selbst, dir selbst zur Qual, dich abmühst.
Sie sei die Magd des Knechtes der sie freit,
Statt hier auf lichter Bahn, nach eignem Ziel,
375 Die Einz'ge sie des dürftigen Geschlechts,
Ein Selbst zu sein, ein Wesen, eine Welt.
Allein du willst es, sie ist frei, hier nimm sie!
Bist du die Mutter doch! Du, Hero, folge!
Die Torheit ruft. Folg ihr als Mensch, als Weib!

HERO

(aufstehend, zur Taube)
380 Da gilt es denn zu reden, kleines Ding!
(Das Körbchen dem Diener gebend.)

Du nimms und trag es hin, und gib ihm Freiheit,
Die Freiheit wie das Tier sie kennt und wünscht.
(Diener ab.)
Du aber Ohm, schilt meine Mutter nicht,
Denn fromm ist ihre Meinung und sie liebt mich.

385 Uns Andre laß nur schweigen, Stille, Gute!
Hat er doch Recht und tut nur was ihm Pflicht.

Ich soll mit dir? Bleib du bei mir! O Mutter!
Wenn dich die Deinen quälen, komm zu mir.
Hier ist kein Krieg, hier schlägt man keine Wunden,
390 Die Göttin grollet nicht, und dieser Tempel
Sieht immerdar mich an mit gleichem Blick.
Kennst du das Glück des stillen Selbstbesitzes?
Du hast es nie gekannt; drum sei nicht neidisch!
Nein frohen Mutes folge mir zum Fest!
395 Heut stolz im Siegerschritt, und kommt der Morgen,
Einförmig still, den Wasserkrug zur Hand,
Beschäftigt, wie bisher, an den Altären;
Und fort so Tag um Tag. Willst du, so komm!
Sieh nur: sonst trag' ich dich, denn ich bin stark.
400 Allein sie weicht. Sie lächelt. Siehst du Ohm?
(Halblaut.)
Gib nur das Zeichen nun. Du aber folge,
Die Zeit verrinnt, man rüstet schon das Fest.
(Im Gehen, tändelnd.)
Und siehst du erst den Schmuck, die reichen Kleider,
Und was man all mir Herrliches bereitet,
405 Du sollst wohl selbst —
(Ein paar Schritte voraus und dann zurückkehrend.)
Und eile mir ein wenig!
(Beide nach der rechten Seite ab.)

VATER
Nun Bruder aber rasch —

PRIESTER
Rasch, und warum?
Was lange dauern soll sei lang erwogen.
Wüßt' ich sie schwach, noch jetzt entließ' ich sie.

VATER

Allein bedenk!

PRIESTER

Zugleich bedenk' ich wirklich,
410 Daß heilsam feste Nötigung der Abschluß
Von jedem irdisch wankem, wirrem Tun.
Du wähltest ewig unter Möglichkeiten
Wär' nicht die Wirklichkeit als Gränzstein hingesetzt.
Die freie Wahl ist schwacher Toren Spielzeug.
415 Der Tücht'ge sieht in jedem Soll ein Muß
Und Zwang, als erste Pflicht, ist ihm die Wahrheit.
(Zu den Dienern gewendet.)
Das Fest beginnt.

NAUKLEROS' STIMME
(hinter der Szene)
Hierher nur, hier!

PRIESTER

Was ist?

TEMPELHÜTER

Zwei Fremdlinge, des langen Harrens müde,
Sie bahnen selbst durch Büsche sich den Weg.
420 — Kehrt ihr zurück? — Dieselben sind es, Herr,
Die heute Morgens schon am Gittertor —
Auch dort von rückwärts wächst des Volkes Drang,
Das murrend nur erträgt die Zögerung.

PRIESTER

Weis Jene dort zurück.
(Der Tempelhüter nach der linken Seite ab.)
Ihr Andern öffnet
(Zu mehreren Dienern, die nach und nach vom Hinter-
grunde her eingetreten sind)
425 Die äußern Pforten nach dem Weg zur Stadt.
(Zu seinem Bruder.)
Gönn nur indes ein Wort des Danks den Göttern,
Die Nachruhm dir in deinem Kind erweckt.

(Der Alte steht an seinem Stabe gegen den Tempel
geneigt.)
Laßt ein das Volk und haltet Ordnung, hört ihr?
Daß Roheit nicht die schöne Feier störe.
430   Auch über euch wacht sorglich, eben heut;
Die Lust hat ihren Tag, so wie die Sonne,
Doch auch wie jene einen Abend: Reue.

TEMPELHÜTER
(hinter der Szene)
Nein, sag' ich, nein.

NAUKLEROS
(eben so)
So hört doch, lieber Herr!

PRIESTER
Tut eure Pflicht, du Bruder aber komm!
(Beide nach der rechten Seite ab.)

DER TEMPELHÜTER
(auftretend)
435   Hier steh' ich, hier. Und wagst dus, kühner Knabe,
Und setzest über mich hin deinen Fuß?

NAUKLEROS
(der gleichfalls sichtbar geworden ist)
Nicht über euch, doch, seht ihr, neben euch.
Und also bin ich hier. Leander komm!

LEANDER tritt auf.

TEMPELHÜTER
O Jugendübermut! Ward euch nicht kund —?

NAUKLEROS
440   Nichts ward uns kund; denn Fremde sind wir, Herr,
Und kommen von Abydos' naher Küste
Nach Sestos her, um euer Fest zu schaun.

TEMPELHÜTER

Doch lehrt man Sittsamkeit nicht auch bei euch?

NAUKLEROS

Wohl lehrt man sie, zugleich mit andern Sprüchen,
445   Als: sei nicht blöd! sonst kehrst du hungrig heim.

TEMPELHÜTER

Ich aber —

NAUKLEROS

Seht, indes ihr hier euch abmüht
Um uns, die Zwei, strömt dort das Volk in Haufen.

TEMPELHÜTER

Zurück da! Hört ihr wohl?
(Er wendet sich nach dem Hintergrunde und ordnet
das Volk, das von der linken Seite, nahe den Stufen
des Tempels, hereindringt.)

NAUKLEROS

(zu Leander)
Was zerrst du mich?
Wir sind nun einmal da. Wer wagt gewinnt.
450   Hier ist der beste Platz. Fest auf den Sockel
Setz' ich den Fuß. Laß sehn, wer mich vertreibt.
Und sieh mir um nach all der Herrlichkeit!
Das Gotteshäuslein dort, das Tor, die Säulen;
So was erblickst du nimmermehr daheim.
455   Schau! einen Altar setzt man in die Mitte,
Wohl um zu opfern drauf. — Doch wornach schaust
du?
Blickt er zu Boden nicht! Nu, bei den Göttern!
Befällt er hier dich auch, der alte Trübsinn?
Ich aber sage dir —
(Das Volk hat sich nach und nach, der linken Seite
entlang, geordnet, bis dahin wo die beiden Freunde
stehen.)

NAUKLEROS
(umschauend)
Nun guter Freund,
460 Ihr drängt gar scharf.
(Zu Leander.)
Hörst du? ich sage dir:
Weißt du nicht heute Abend klein und groß
Mir zu erzählen was sich hier begab,
Und trinkst nicht einen großen Becher Wein
Lautjubelnd drauf, sind wir geschiedne Leute.
465 Denn all der düstre Sinn — Allein, sieh dort!
Die beiden Mädchen. Schau! es sind dieselben
Die heute früh wir sahn am Gittertor.
Sie blinzeln her. Gefällt dir Eine? Sprich!

IANTHE und eine zweite DIENERIN haben einen
tragbaren Altar gebracht und stellen ihn, rechts im
Vorgrunde, vor der Bildsäule Amors nieder.

IANTHE
(während des Zurechtstellens ihrer Gefährtin
zuflüsternd)
Dort sind sie. Rechts der Blonde, Größere.
470 Der Braune scheint betrübt. Was fehlt ihm nur?

NAUKLEROS
Absichtlich zögern sie. Hui, welch ein Blick!

TEMPELHÜTER
(nach vorn kommend, zu den Mädchen)
Ei ja, und nun auch ihr! Das findet sich.
(Die Mädchen gehen.)
(Zu den Jünglingen.)
Ihr scheint mir rasch zu allem was verwehrt.

NAUKLEROS
Je, wies nun kommt. Wer zweifelt, der verliert.
(Man hat einen zweiten Altar gebracht, der links vor
Hymenäus' Bildsäule hingestellt wird. Ein dritter stand
schon früher an den Stufen in der Mitte.)

TEMPELHÜTER

475 Ihr gebt nur Raum! Der Altar soll dort hin.

NAUKLEROS

Hab' ich erst Raum, so teil' ich gerne mit.

TEMPELHÜTER

Und seid nur sittig und vermeßt euch nichts.
(Musik von Flöten beginnt.)
Der Zug beginnt. Zurück! Laßt frei die Mitte!
(Das Volk ordnend, das auf der linken Seite sich in
Reihen stellt.)

NAUKLEROS

Sie kommen, schau! Betrachte mirs mit Fleiß!
480 Und naht die Priesterin, streif an ihr Kleid,
Das soll den Trübsinn heilen, sagt man. Hörst du?

Unter Musik von Flöten kommt der Zug von der
rechten Seite her auf die Bühne. OPFERKNABEN mit
Gefäßen. Die OBERHÄUPTER von Sestos. TEMPEL-
DIENERINNEN, darunter IANTHE. PRIESTER. HERO
mit Mantel und Kopfbinde an der Seite ihres Oheims.
Ihre ELTERN folgen.

GESANG

Mutter der Sterblichen,
Himmelsbewohnerin,
Neig uns ein günstiges,
485   Schirmendes Aug!
(Die Begleiter des Zuges stellen sich zur rechten Seite
auf, den Reihen des Volkes gegenüber. Der mittlere
Teil der Bühne ist leer.)

DIE PRIESTER

(indem sie sich aufstellen)
Den Göttern Ehrfurcht!

DAS VOLK
(antwortend)
> Glück mit uns!

NAUKLEROS
Dort kommt die Priesterin. Ein schönes Weib.
Komm, laß uns knien. Doch nein, vorher noch schau
mir
Querüber hier dem Fußgestell nach rückwärts,
490 Wie sie die Weihen üben, was sie tun.

HERO
(im Hintergrunde, bei dem dort stehenden tragbaren
Altare stehend. Vor ihr knieen zwei Opferknaben,
Rauchwerk in reichen Gefäßen haltend)
Ein neuer Sprößling deines alten Hauses.
Sei ihm geneigt, und mehr als er verdient.
(Sie gießt Rauchwerk in die Flamme und geht dann
nach vorn, der Priester zu ihrer Linken, hinter ihr
die Eltern. Der Tempelhüter in einiger Entfernung.)

DIE PRIESTER
Den Göttern Ehrfurcht!

DAS VOLK
> Glück mit uns!

NAUKLEROS
Sie kommen näher. Nun, Leander, knie'!
(Sie knieen. Leander hart an der Bildsäule des
Hymenäus, Naukleros etwas zurück. Auch das
übrige Volk kniet.)
(Hero ist zu Amors Bildsäule gekommen und gießt
Rauchwerk in die Flamme des danebenstehenden
Altars, der Priester ihr zur Seite.)

HERO
495 Der du die Liebe gibst, nimm all die meine.
Dich grüßend nehm' ich Abschied auch von dir.
(Sie entfernt sich.)

Der Priester

Den Göttern Ehrfurcht!

Das Volk

Glück mit uns!

Hero

(an der Bildsäule des Hymenäus stehend)
Dein Bruder sendet mich —

Naukleros

(leise zu Leander)
Siehst du nicht auf?

Leander

(der gerade vor sich hin auf den Boden gesehen hat
hebt jetzt das Haupt empor)

Priester

Was ist? Du stockst.

Hero

Herr, ich vergaß die Zange

Priester

500   Du hältst sie in der Hand.

Hero

Der du die Liebe —

Priester

So hieß der erste Spruch. Laß nur! Zum Opfer!
(Hero gießt Rauchwerk ins Feuer. Eine lebhaftere
Flamme zuckt empor.)
Zu viel! — Doch gut! — Nun noch zum Tempel!
Komm!
(Sie entfernen sich. In die Mitte der Bühne gekommen,

sieht Hero, als nach etwas Fehlendem an ihrem Schuh,
über die rechte Schulter zurück. Ihr Blick trifft dabei
auf die beiden Jünglinge. Die Eltern kommen ihr
entgegen. Die Musik ertönt von neuem.)

DER VORHANG FÄLLT

ZWEITER AUFZUG

Tempelhain zu Sestos. Auf der linken Seite nach rückwärts eine Ruhebank von Gebüsch umgeben.

NAUKLEROS
(von der linken Seite auftretend)
Leander komm! und eile mir doch nur!

LEANDER
(der von derselben Seite sichtbar wird)
Hier bin ich, sieh!

NAUKLEROS
So rasch? Ei doch! Man denke!

505 Wie lange noch, sag an! führ' ich, zur Strafe
Für ein Vergehn, derzeit noch unbekannt
Und unbegangen auch, dem Knaben gleich
Der seinen blinden Herrn die Straße leitet,
Ringsum dich durch der Menschen laute Städte,
510 Von Fest zu Fest, vom Markte zum Altar,
Den Ort ausforschend, der dir Frohsinn brächte?
Wie lang sitz' ich, von Sprechen müd, dir gegenüber
Und forsch' in deinem Aug, dem leid'gen Blick,
Obs angeglommen, ob erwacht die Lust?
515 Und les' ein ewig neues: nein, nein, nein!
Wenn deine Mutter starb, wer kann da helfen?
Wars gut und recht, daß du, ein wackrer Sohn,
Und ihr, der Tiefbekümmerten zu Willen,
Am Strand des Meeres wohntest, fern der Stadt
520 Und Menschen fern, nur Kindespflichten übend;
Nun, da sie tot, was hält dich länger ab
Den Gleichen als ein Gleicher zu gehören
Mitfühlend ihre Sorgen, ihre Lust?
Wein um die Gute, rauf dein braunes Haar,
525 Allein dann kehre zu den Freuden wieder,

C

Die sie dir gönnt, die du ihr länger gönntest.
Sag' ich nicht recht? und was ist deine Meinung?
Nun?

LEANDER

Ich bin müd.

NAUKLEROS

Ei ja, der großen Plage!
Den ganzen Tag, am fremden Ort, umgeben
530 Von fremden Menschen, fröhlichen Gesichtern,
Sich durchzuhelfen und zu schaun, zu hören,
Einmal zu sprechen gar. Ei, gute Götter,
Wer hielte das wohl aus?

LEANDER

(der sich gesetzt hat)
Und krank dazu.

NAUKLEROS

Krank? Sei du unbesorgt! Das gibt sich wohl.
535 Sei du erst heim in deiner dumpfen Hütte,
Vom Meer bespült, wo rings nur Sand und Wellen
Und trübe Wolken, die mit Regen dräun.
Hab erst das gute Kleid da von den Schultern,
Und umgehüllt dein derbes Schifferwams.
540 Dann sitz am Strand, den langen Tag verangelnd,
Tauch dich ins Meer, der Fische Neid im Schwimmen,
Lieg Abends erst — so fand ich dich ja einst —
Im Ruderkahn, das Antlitz über dir,
Des Körpers Last vertraut den breiten Schultern,
545 Indes das Fahrzeug auf den Wellen schaukelt;
So lieg gestreckt und schau mir nach den Sternen,
Und denk — an deine Mutter, die noch eben
Zur rechten Zeit dich, sterbend, frei gemacht;
An sie; an Geister, die dort Oben wohnen;
550 An — denk ans Denken; denk vielmehr an nichts!
Sei nur erst dort; und Freund, was gilt die Wette?
Du fühlst dich wohl, fühlst wieder dich gesund.

Nun aber komm, denn fernab liegt die Heimat,
Die Zeit verrinnt, die Freunde kehren heim.

LEANDER

555 Es ist so schattig hier. Laß uns noch weilen!
Leicht findet sich ein Kahn. Ich rudre dich.

NAUKLEROS

Ei rudern, ja! Wie glänzt ihm da das Auge!
Am Steuer sitzend, ausgestreckt die Hand,
Die prallen Arme vor und rückwärts führend,
560 Jetzt so, dann so, und fort auf feuchtem Pfad!
Da fühlst du dich ein Held, ein Gott, ein Mann;
Für Andres mag man einen Andern suchen.
Doch, schöner Freund, nicht nur ums Rudern bloß,
Hier frägt es sich um andre, ernste Dinge.
565 Wir stehen, wiß es, auf verbotnem Grund,
Im Tempelhain, der Jedem sich verschließt,
Als nur am Tag des Fests, von dem wir kehren.
Sonst streifen Wächter durch die grünen Büsche,
Die fahen Jeden, den ihr Auge trifft,
570 Und stellen ihn dem Priester ihres Tempels,
Der ihn bestraft, leicht mit dem Äußersten.
Sprichst du?

LEANDER

Ich sagte nichts.

NAUKLEROS

Drum also komm!
Um Mittag endet sie, des Festes Freiheit
Und fast schon senkrecht trifft der Sonne Pfeil.
575 Mich lüstet nicht, ob deines trägen Zauderns,
Den Kerkern einzuwohnen dieser Stadt.
Hörst du? — Noch immer nicht! — Nun, gute Götter!
Kehrt euch von ihm, wie er von euch sich wendet!

Da lehnt er, weich, mit mattgesenkten Gliedern.
580 Ein Junge, schön, wenn gleich nicht groß, und braun.
Die finstern Locken ringeln um die Stirn;

Das Auge, wenns die Wimper nicht verwehrt,
Sprüht heiß wie Kohle, frisch nur angefacht;
Die Schultern weit; die Arme derb und tüchtig,
585   Von prallen Muskeln ründlich überragt;
Kein Amor mehr, doch Hymens treues Bild.
Die Mädchen sehn nach ihm; doch er — Ihr Götter!
Wo blieb die Seele für so art'gen Leib?
Er ist — wie nenn' ichs — furchtsam, töricht, blöd!
590   Ich bin doch auch ein rüstiger Gesell,
Mein gelbes Haar gilt mehr als noch so dunkles,
Und, statt der Inderfarbe die ihn bräunt,
Lacht helles Weiß um diese derben Knochen,
Bin größer, wies dem Meister wohl geziemt.
595   Und doch, gehn wir zusammen unters Volk,
In Mädchenkreis, beim Fest, bei Spiel, bei Tanz;
Mich trifft kein Aug, und ihn verschlingen sie.
Das winkt, das nickt, das lacht, das schielt, das kichert.
Und ihm gilts, ihm. Sie sind nun mal vernarrt
600   In derlei dumpfe Träumer, blöde Schlucker.
Er aber — Ei, er merkt nun eben nichts.
Und merkt ers endlich. Hei, was wird er rot!
Sag, guter Freund, ist das nur Zufall bloß,
Wie, oder weißt du, daß du zehnmal hübscher
605   Mit solcher Erdbeerfarbe auf den Wangen?
Nur heut im Tempel. Gute Götter, wars nicht,
Als ob die Erde aller Wesen Fülle
Zurückgeschlungen in den reichen Schoß
Und Mädchen draus gebildet, nichts als Mädchen?
610   Aus Thrazien, dem reichen Hellespont
Vermengten sich die Scharen; bunte Blumen,
So Ros' als Nelke, Tulpe, Veilchen, Lilie,
— Ein Gänseblümchen auch wohl ab und zu —

Im Ganzen ein begeisternd froher Anblick:
615   Ein wallend Meer, mit Häuptern, weißen Schultern
Und runden Hüften an der Wellen Statt.
Nun frag' ihn aber Einer, was er sah,
Obs Mädchen waren oder wilde Schwäne;
Er weiß es nicht, er ging nur eben hin.

620 Und doch war ers, nach dem sie Alle blickten.
Die Priestrin selbst. Ein herrlich prangend Weib!
Die besser tat, am heut'gen frohen Tag
Der Liebe Treu zu schwören ewiglich,
Als ihr sich zu entziehn, so arm als karg.
625 Der Anmut holder Zögling und der Hoheit.
Des Adlers Aug, der Taube süßes Girren,
Die Stirn so ernst, der Mund ein holdes Lächeln,
Fast anzuschauen wie ein fürstlich Kind,
Dem man die Krone aufgesetzt, noch in der Wiege.
630 Und dann; was Schönheit sei, das frag du mich.
Was weißt du von des Nackens stolzem Bau,
Der breit sich anschließt reichgewundnen Flechten;
Den Schultern, die beschämt nach rückwärts sinkend,
Platz räumen den begabtern, reichen Schwestern,
635 Den feinen Knöcheln und dem leichten Fuß,
Und all den Schätzen so beglückten Leibes?
Was weißt du? sag' ich, und du sahst es nicht.
Doch sie sah dich. Ich hab' es wohl bemerkt.
Wie wir da knieten, rückwärts ich, du vorn,
640 Am Standbild Hymens, des gewalt'gen Gottes,
Und sie nun kam, des Opferrauchs zu streun.
Da stockte sie, die Hand hing in der Luft;
Nach dir hin schauend stand sie zögernd da,
Ein, zwei, drei kurze, ew'ge Augenblicke.
645 Zuletzt vollbrachte sie ihr heilig Werk.
Allein noch scheidend sprach ein tiefer Blick,
Im herben Widerspruch des frost'gen Tages,
Der sie auf ewiglich verschließt der Liebe:
'Es ist doch Schad' und: 'Den da möcht' ich wohl!'

650   Gelt, lächelst doch? und schmeichelt dir, du
        Schlucker.
Verbirgst du dein Gesicht? Fort mit den Fingern!
Und heuchle nicht, und sag nur: ja.
(Er hat ihm die Hand von den Augen weggezogen.)
                              Doch, Götter!
Das sind ja Tränen. Wie? Leander! Weinst?

LEANDER
(der aufgestanden ist)
Laß mich und quäl mich nicht! Und sprich nicht
 ohne Achtung
655 Von ihrem Hals und Wuchs. — O ich bin dreifach
 elend!

NAUKLEROS
Leander! elend? Glücklich! Bist verliebt.

LEANDER
Was sprachst du? Ich bin krank. Es schmerzt die
 Brust.
Nicht etwa innerlich. Von außen. Hier!
Hart an den Knochen. Ich bin krank, zum Tod.

NAUKLEROS
660 Ein Tor bist du, doch ein beglückter Tor!
Nun, Götter, Dank, daß ihr ihn heimgesucht!
Nun schont ihn nicht mit euern heißen Pfeilen,
Bis er mir ruft: Halt ein! es ist genug;
Ich will erdulden was die Menschen leiden!
665 Nun Freund, gib mir die Hand! Nun erst mein
 Freund;
Zu spät bekehrt durch allzusüße Wonnen.
Du Neugeborner, Glücklicher! — Doch halt!
Ein garst'ger Fleck auf unsers Jubels Kleide. —
Komm mit zurück zur Stadt! dort sind die Mädchen,
670 Die wir beim Fest gesehn, noch all versammelt.
Dort sieh dich um, verlieb dich wie du magst.
Denn Freund, die Jungfrau, die dich jetzt erfüllt,
Ist Priesterin und hat an diesem Tag
Gelobt dem Manne sich auf ewig zu entziehn.
675 Und streng ist was ihr droht, wenn sies vergaß,
Und was dem Manne, ders mit ihr vergessen.

LEANDER
Ich wußt' es ja. Komm Nacht! Und so ists aus.

NAUKLEROS

Aus? Wieder aus? Und eh es noch begann?
Warum und wie? Friedfertiger Gesell,
680 Wagst du so wenig an die höchste Wonne?
Und sagst mir das mit zuckend fahlen Wangen
Und schlotterndem Gebein, und meinst ich glaubs?
Nun sollst du bleiben. Hier! Und sollst sie sprechen.
Wer weiß ist ihr Gelübd so eng und fest
685 Und läßt sich lösen, folgt alsbald die Reue;
Wer weiß ist deine Liebe selbst so heiß,
Als jetzt sie scheint. Doch was es immer sei:
Du sollst nicht zagen, wo zu handeln Not.
Zum mindsten kenne dein Geschick, und trags,
690 Und lerne scheiden von den Knabenjahren.
Wir sind hier fremd. Komm mit! Wer darf uns
    tadeln,
Wenn wir des Wegs verfehlen, fragen, gehn?
Zuletzt gelangen wir ins Haus, zum Tempel,
Und stehn vor ihr, und hören was sie spricht.
695 Dort kommt ein Mädchen mit dem Wasserkrug
In ein und andrer Hand. Die laß uns fragen.
Sie weiß wohl —
            Doch! Leander! Sohn des Glücks!
Was zerrst du mich? Bleib hier! Sie selber ists,
Die Jungfrau, sie, die neue Priesterin.
700 Nach Wasser geht sie aus der heil'gen Quelle,
Das liegt ihr ob. Ergreif den Augenblick
Und sprich! Nicht allzukühn, nicht furchtsam.
Hörst du?
Ich will indes rings forschen durch die Büsche,
Ob alles ruhig, und kein Lauscher nah.
705 Komm hier! Und sag' ich: jetzt! so tritt hervor
Und sprich.—Doch nun vor allem still.—Komm hier!
(Sie ziehen sich zurück.)

HERO

(ohne Mantel, ungefähr wie zu Anfang des ersten
Aufzuges gekleidet, kommt mit zwei leeren Wasser-

krügen von der linken Seite des Vorgrundes. Sie geht
quer über die Bühne und singt)

Da sprach der Gott:
Komm her zu mir,
In meine Wolken,
710   Neben mir.

(Leander ist, von Naukleros leicht angestoßen, einige
Schritte vorgetreten. Dort bleibt er, gesenkten
Hauptes, stehen.)

(Hero geht auf der rechten Seite des Vorgrundes ab.)

NAUKLEROS

(nach vorn kommend)

Nun denn, es sei! Du hast es selbst gewollt.
Kannst du das Glück nicht fassen und erringen,
So lern entbehren es. Und besser ists.
Heißt sie nicht gottgeweiht? und ihr zu nahn
715   Droht Untergang. Auch wars halb Scherz nur,
Daß ich dir riet ein Äußerstes zu tun.
Doch macht michs toll, den Menschen anzusehn,
Der wünscht und hofft, und dem nicht Muts genug,
Die Hand zu strecken nach des Sieges Krone.
720   Doch ist es besser so. Glück auf, mein Freund!
Dein zaghaft Herz, es führte diesmal sichrer,
Als Nestors Klugheit und Achillens Mut.
Nun aber komm und laß uns heim. Doch niemals
Vermiß dich mehr —

LEANDER

Sie kehrt zurück.

NAUKLEROS

Ei doch!

725   Folg du!

LEANDER

Ich nich

NAUKLEROS

Was sonst?

LEANDER

Ihr nahen. Sprechen. Oh!
(Sie treten wieder zurück.)

HERO

(kommt zurück, einen Krug auf dem Kopfe tragend,
den zweiten am Henkel in der herabhängenden
rechten Hand)
(Sie singt.)
Sie aber streichelt
Den weichen Flaum.
(stehen bleibend und sprechend)
Mein Oheim meint ich soll das Lied nicht singen
Von Leda und dem Schwan.
(Weiter gehend.)
Was schadets nur?
(Wie sie in die Mitte der Bühne gekommen, stürzt
Leander plötzlich hervor, sich, gesenkten Hauptes,
vor ihren Füßen niederwerfend.)

HERO

730   Ihr Götter, was ist das? Bin ich erschrocken!
Die Kniee beben, kaum halt' ich den Krug.
(Sie setzt die Krüge ab.)
Ein Mann. Ein Zweiter. Fremdlinge was wollt ihr
Von mir, der Priestrin, in der Göttin Hain?
Nicht unbewacht bin ich und unbeschützt.
735   Erheb' ich meine Stimme, nahen Wächter
Und lassen euch den Übermut bereun.
So geht weil es noch Zeit, und nehmt als Strafe
Bewußtsein mit, und daß es euch mißlang.

NAUKLEROS

O Jungfrau, nicht zu schäd'gen kamen wir,
740   Vielmehr um Heilung tiefverborgnen Schadens,
Der mir den Freund ergriff, ihn, den du siehst.
Der Mann ist krank.

HERO

Was sagst du mirs?
Geht zu den Priestern in Apollens Tempel,
Die heilen Kranke.

NAUKLEROS

Solche Krankheit nicht.
745 Denn wie sie ihn befiel, beim Fest, in eurem Tempel,
Verläßt sie ihn auch nur am selben Ort.

HERO

Beim heut'gen Fest?

NAUKLEROS

Beim Fest. Aus deinen Augen.

HERO

Meint ihr es also, und erkühnt euch des?
Doch wußt' ichs ja: frech ist der Menge Sinn,
750 Und ehrfurchtslos, und ohne Scheu und Sitte.
Ich geh, und dienstbar nahe Männer send' ich
Nach meinen Krügen dort, die, weilt ihr noch,
Euch sagen werden, daß ihr euch vergingt.

NAUKLEROS

Nicht also geh! Betracht ihn erst den Jüngling,
755 Den du so schwer mit harten Worten schiltst.

LEANDER
(zu ihr emporblickend)
O bleib!

HERO

Du bist derselbe, seh' ich wohl,
Der heut beim Fest an Hymens Altar kniete.
Doch schienst du damals sittig mir und fromm,
Mir tut es leid, daß ich dich anders finde.

LEANDER
(der aufgestanden ist, mit abhaltender Gebärde)
760 O anders nicht! O bleib!

HERO

(zu Naukleros)
                    Was will er denn?

NAUKLEROS

Ich sagt' es ja: er hängt an deinem Blick,
Und Tod und Leben sind ihm deine Worte.

HERO

Du hast dich schlimm beraten, guter Jüngling,
Und nicht die richt'gen Pfade ging dein Herz.
765 Denn deut' ich deine Meinung noch so mild,
So scheint es, daß du mein mit Neigung denkst.
Ich aber bin der Göttin Priesterin,
Und ehelos zu sein heißt mein Gelübd.
Auch nicht gefahrlos ists um mich zu frein,
770 Dem drohet Tod, der des sich unterwunden.
Drum laßt mir meinen Krug und geht nur fort;
Mich sollt' es reun, wenn Übles ihr erführt.
                    (Sie greift nach den Krügen.)

LEANDER

Nun denn, so senkt in Meersgrund mich hinab!

HERO

Du armer Mann, du dauerst mich, wie sehr.

NAUKLEROS

775 Bei Mitleid nicht, o Priestrin, bleibe stehn!
Sei hilfreich ihm, dem Jüngling, der dich liebt.

HERO

Was kann ich tun? Du weißt ja alles nun.

NAUKLEROS

So gib ein Wort ihm mindstens, das ihn heilt.
Komm hier! Die Büsche halten ab des Spähers Auge.
780 Ich setze dir in Schatten deinen Krug;
Und so komm her und gönn uns nur ein Wort.
Willst du nicht sitzen hier?

HERO
Es ziemt sich nicht.

NAUKLEROS
Tus aus Erbarmen mit des Jünglings Leiden!

HERO
(zu Leander)
So setz dich auch!

NAUKLEROS
Ja hier. Und du zur Seite.
(Leander sitzt in der Mitte, den Leib an einen Baum-
stamm zurückgelehnt, die Hände im Schoß, gerade vor
sich nieder sehend. Hero und Naukleros zu beiden
Seiten, etwas vorgerückt, so daß sie sich wechsel-
seitig im Auge haben.)

HERO
(zu Naukleros)
785 Ich sagt' es schon und wiederhol' es nun:
Niemand der lebt begehr' um mich zu werben,
Denn gattenlos zu sein heißt mich mein Dienst.
Noch gestern, wenn ihr kamt, da war ich frei,
Doch heut versprach ichs, und ich halt' es auch.
(zu Leander)
790 Birg nicht das Aug in deine Hand, o Jüngling!
Nein, frischen Mutes geh aus diesem Hain.
Gönn einem andern Weibe deinen Blick,
Und freu dich dessen, was uns hier versagt.

LEANDER
(aufspringend)
So möge denn die Erde mich verschlingen,
795 Sich mir verschließen all was schön und gut,
Wenn je ein andres Weib und ihre Liebe —

HERO
(zu Naukleros)
Sag ihm, er soll es nicht. Was nützt es ihm?
Was nützt es mir? Wer mag sich selber quälen?

Er ist so schön, so jugendlich, so gut,
800 Ich gönn' ihm jede Freude, jedes Glück.
Er kehre heim —

LEANDER

Ich heim? Hier will ich wurzeln,
Mit diesen Bäumen stehen Tag und Nacht
Und immer schaun nach jenes Tempels Zinnen.

HERO

Des Ortes Wächter fangen, schäd'gen ihn.
805 Sag ihms! —

(zu Leander)
Und, guter Jüngling, kehrst du heim,
So laß des Lebens Müh und buntes Treiben
So viel verwischen dir als allzuviel,
Das andere bewahr! So will ich auch.
Und kehrt ums Jahr und jedes nächste Jahr
810 Zurück das heut'ge Fest, so komm du wieder.
Stell dich im Tempel, daß ich dich mag sehn.
Mich soll es freun, wenn ich dich ruhig finde.

LEANDER
(zu ihren Füßen stürzend)
O himmlisch Weib!

HERO
Nicht so. Das ziemt uns nicht.
Und sieh! Mein Oheim kommt. Er wird mich
    schelten,
815 Und zwar mit Recht, warum gab ich euch nach.

NAUKLEROS

Nimm deinen Krug und laß daraus mich trinken,
Am Besten deutet so sich unser Tun.

LEANDER
(ihn wegstoßend)
Nicht du; ich, ich!

HERO

(ihm den Krug hinhaltend, aus dem er knieend trinkt)
So trink! und jeder Tropfen
Sei Trost, und all dies Naß bedeute Glück.

(Der PRIESTER kommt.)

PRIESTER

820   Was schaffst du dort?

HERO
Sieh nur, ein kranker Mann!

PRIESTER

Nicht deines Amtes ist der Kranken Heilung.
Sie mögen gehen in Apollens Tempel,
Dort heilt der Priester Schar.

HERO
So sagt' ich auch.

PRIESTER

Allein vor allem, ob nun krank, gesund:
825   Der Göttin Hain, der Priesterwohnung Nähe
Betritt kein Mann, kein Fremder ungestraft.
Entlass' ich euch, verdankt es meiner Huld.
Ein zweites Mal verfielt ihr dem Gesetz.

NAUKLEROS

Doch sah ich erst nur Viele dort versammelt
830   Im Tempel und im Hain, so Mann als Frauen.

PRIESTER

Die Zeit des Fests gibt solchem Einlaß Raum,
Vom Morgen bis zum Mittag währt die Freiheit.

NAUKLEROS

Nun denn, die Sonne steht noch nicht so hoch;
Sie brennt und blitzt, doch lange nicht im Scheitel.

PRIESTER

835   Des sei du froh und nütze diese Frist.
Denn wenn die Sonn auf ihres Wandels Zinne
Mit durst'gen Zügen auf die Schatten trinkt,
Dann tönen her vom Tempel krumme Hörner

Dem Feste Schluß, dir kündigend Gefahr.
840 Auch seid ihr aus Abydos sagt man mir,
Und wenig wohlgesinnt das Volk uns jener Stadt.
Beim Fischzug, und wo irgend sonst im Meer
Erhebt es Streit mit Sestos' frommen Bürgern.
Auch das bedenkt, und daß der oft Gekränkte
845 Sich doppelt rächt, wenn lang er es verschob.

NAUKLEROS

Ich aber denke: Mann, Herr, gegen Mann!
So hielt ichs gegen Sestos' frommes Volk.
Auch: stellen sie uns nach auf diesen Küsten,
Wir zahlens ihnen jenseits, dort, bei uns.

PRIESTER

850 Nicht ziemt es mir, dir Wort zu stehn und Rede.
Was Not tut ward gesagt, von anderm schweig!
(Zu Hero.)
Du aber nimm den Krug und komm!
(Da die Jünglinge ihr helfen wollen.)
Laß nur!
Dort gehen Dienerinnen.
(Er winkt nach links in die Szene.)
Und so folg!
Im Tempel harrt noch mancherlei zu tun.
(Hero an der Hand führend, nach der linken Seite ab.)

IANTHE

(die indessen gekommen ist)
855 Was habt ihr angerichtet, schöne Fremde?
Ich sah euch wohl von fern. Nun aber eilt!
Wer hieß euch auch mit euerm raschen Werben
Der Priestrin nahn, die schon dem Dienst geweiht?
Wär' ich ein Mann, ich suchte Gleich für Gleich.
(Mit den Krügen ab.)

NAUKLEROS

(dem Priester nachsprechend)
860 Selbstsücht'ger, Eigenmächt'ger, Strenger, Herber!
So schließest du die holde Schönheit ein,

Entziehst der Welt das Glück der warmen Strahlen
Und schmückst mit heil'gem Vorwand deine Tat?
Seit wann sind Götter neidisch mißgesinnt?
865   Daheim auch ehrt man Himmlische, bei uns;
Doch heiter tritt Zeus' Priester unters Volk,
Umgeben von der Seinen frohen Scharen,
Und segnet Andre, ein Gesegneter.
Ihr aber habts ererbt von Morgen her,
870   Den schnöden Dienst mißgünst'ger Indusknechte
Und hüllet euch in Gräuel und in Nacht.
Doch ists nun so. Drum komm, Unglücklicher!

LEANDER

Unglücklich! Meinst du mich?

NAUKLEROS

Wen sonst? — Nun, mindstens
Genügsam denn! Komm mit!

LEANDER

Hier bin ich.

NAUKLEROS

Wie?
875   Betrachtest dir nicht einmal noch den Ort,
Von dem du nun auf immer —

LEANDER

Immer?

NAUKLEROS

Nicht?
So wolltest du — ? Wie meinst du das? Sag an!

LEANDER

Horch! Tönt das Zeichen nicht? Wir müssen fort!

NAUKLEROS

Rückhält'ger, was verbirgst du deinen Sinn?
880   Du willst doch nicht an diesen Ort zurück,
Wo Kerker, Unheil, Tod —

LEANDER

Fürwahr, das Zeichen!
Die Freunde kehren heim. Komm, laß uns mit!
Mein Leben sei nur ärmlich, sprachst du selbst;
Wenns nun so wenig, gäb' ichs nicht um viel?
885 Was noch geschieht; wer weiß es? — Und wer sagts?
(Schnell ab.)

NAUKLEROS

Leander! Höre doch! — Befasse sich nur Eins
Mit derlei frost'gen Jungen! Frostig? Ei,
Das Beispiel lehrts. Doch will ich dich wohl hüten!
Und kehrst du mir zurück, eh ichs gebilligt,
890 Soll man — So warte doch! — Hörst du? — Leander!
(Unter Händewinken und Gebärden des Zurückhaltens
ihm folgend.)

DER VORHANG FÄLLT

D

DRITTER AUFZUG

Gemach im Innern von Heros Turm. Auf der rechten
Seite des Hintergrundes in einer weiten Brüstung das
hoch angebrachte Bogenfenster, zu dem einige breite
Stufen emporführen. Daneben ein hohes Lampen-
gestell. Gegen die linke Seite des Hintergrundes die
schmale Türe des Haupteinganges. Eine zweite, durch
einen Vorhang geschlossene Tür auf der rechten Seite
des Mittelgrundes. Auf derselben Seite nach vorn ein
Tisch, daneben ein Stuhl mit niedrer Rücklehne.

Nach dem Aufziehen des Vorhanges kommt ein
Diener, hoch in der Hand eine Lampe tragend, die er
auf den Kandelaber stellt und dann geht.

Unmittelbar hinter ihm der Oberpriester mit Hero.
Sie hat den Mantel um die Schultern wie zu Ende des
ersten Aufzuges.

PRIESTER
Des Dienstes heil'ge Pflichten sind vollbracht,
Der Abend sinkt; so komm denn in dein Haus,
Von heut an dein, der Priestrin stille Wohnung.

HERO
(um sich blickend)
Hier also, hier!
PRIESTER
So ists. Und wie der Turm,
895 In dessen Innern sich dein Wohnsitz wölbt,
Am Ufer steht des Meers, getrennt, allein,
Durch Gänge nur mit unserm Haus verbunden —
Auf festen Mauern senkt er sich hinab,
Bis wo die See an seinen Füßen brandet,
900 Indes sein Haupt die Wolken Nachbar nennt,

46

Weit schauend über Meer und Luft und Land —
So wirst du fürder stehn, getrennt, vereint,
Den Menschen wie den Himmlischen verbündet;
Dein selber Herr und somit auch der Andern,
905 Ein doppel-lebend, auserkornes Wesen,
Und glücklich sein.

HERO

Hier, also hier!

PRIESTER

Sie haben,
Ich seh' es, die Geräte dir versammelt,
Mit denen man der Priester Wohnung schmückt.
Hier Rollen reich mit weisem Wort beschrieben,
910 Dort Brett und Griffel, haltend selbst-gedachtes.
Dies Saitenspiel sogar, ein altes Erbstück
Von deines Vaters Schwester und der meinen,
Einst Priesterin wie du an diesem Ort.
An Blumen fehlt es nicht. Hier liegt der Kranz,
915 Den du getragen bei der heut'gen Weihe.
Du findest alles was den Sinn erhebt,
Nicht Wünsche weckt und Wünsche doch befriedigt,
Den Göttern dienend, ihnen ähnlich macht.

(Auf die Seitentüre zeigend.)

Dies andere Gemach, es birgt dein Lager.
920 Dasselbe das die Kommende empfing
Am ersten Tag, vor sieben langen Jahren.
Das wachsen dich gesehn und reifen, blühn,
Und weise werden, still und fromm und gut.
Dasselbe das um rotgeschlafne Wangen
925 Die Träume spielen sah von einem Glück,
Das nun verwirklicht — doch du träumst auch jetzt.

HERO

Ich höre guter Ohm.

PRIESTER

Gestch' ich dirs?
Ich dachte dich erfreuter mir am Abend
Des sel'gen Tags, der unser Wünschen krönt.

930 Was wir gestrebt, gehofft, du hast, du bist es;
Und statt entzückt, find' ich dich stumm und kalt.

HERO

Du weißt, mein Ohm, wir sind nicht immer Herr
Von Stimmungen, die kommen, wandeln, gehn,
Sich selbst erzeugend und von nichts gefolgt.
935 Das Höchste, Schönste, wenn es nun erscheint,
Indem es anders kommt, als wirs gedacht,
Erschreckt beinah, wie alles Große schreckt.
Doch gönne mir nur eine Nacht der Ruh,
Des Sinnens, der Erholung, und, mein Ohm,
940 Du wirst mich finden, die du sonst gekannt.
Der Ort ist still, die Lüfte atmen kaum;
Hier ebben leichter der Gedanken Wogen,
Der Störung Kreise fliehn dem Ufer zu,
Und Sammlung wird mir werden, glaube mir.

PRIESTER

945 Sammlung? Mein Kind, sprach das der Zufall bloß?
Wie, oder fühltest du des Wortes Inhalt,
Das du gesprochen, Wonne meinem Ohr?
Du hast genannt den mächt'gen Weltenhebel
Der alles Große tausendfach erhöht,
950 Und selbst das Kleine näher rückt den Sternen.
Des Helden Tat, des Sängers heilig Lied,
Des Sehers Schaun, der Gottheit Spur und Walten,
Die Sammlung hats getan und hats erkannt,
Und die Zerstreuung nur verkennts und spottet.
955 Sprichts so in dir? Dann, Kind, Glück auf!
Dann wirst du wandeln hier, ein selig Wesen.
Des Staubes Wünsche weichen scheu zurück;
Und wie der Mann, der Abends blickt gen Himmel,
Im Zwielicht noch, und nichts ersieht als Grau,
960 Farbloses Grau, nicht Nacht und nicht erleuchtet;
Doch schauend unverwandt, blinkt dort ein Stern
Und dort ein zweiter, dritter, hundert, tausend,
Die Ahnung einer reichen, gotterhellten Nacht,
Ihm nieder in die feuchten, sel'gen Augen.

965 Gestalten bilden sich und Nebel schwinden,
Der Hintergrund der Wesen tut sich auf,
Und Götterstimmen, halb aus eigner Brust
Und halb aus Höhn, die noch kein Blick ermaß —

HERO

Du weißt, mein Ohm, nicht also kühnen Flugs
970 Erhebt sich mir der Geist. So viel nicht hoffe!
Allein was not, und was mir auferlegt,
Gedenk' ich wohl zu tun. Des sei gewiß.

PRIESTER

Wohlan auch das. Ists gleich nicht gut und recht,
Beim Anfang einer Bahn das Ziel so nah,
975 So ärmlich nahe sich das Ziel zu setzen.
Doch seis, für jetzt. Nur noch dies Eine merk:
Bei allem was dir bringt die Flucht der Tage,
Den ersten Anlaß meid! Wer Taten-kräftig
Ins rege Leben stürzt, wo Mensch den Menschen
    drängt,
980 Er mag Gefahr mit blankem Schwerte suchen,
Je härtrer Kampf, so rühmlicher der Sieg.
Doch wessen Streben auf das Innre führt,
Wo Ganzheit nur, des Wirkens Fülle fördert,
Der halte fern vom Streite seinen Sinn,
985 Denn ohne Wunde kehrt man nicht zurück,
Die noch als Narbe mahnt in trüben Tagen.
Der Strom, der Schiffe trägt und Wiesen wässert,
Er mag durch Felsen sich und Klippen drängen,
Vermischen sich mit seiner Ufer Grund,
990 Er fördert, nützt, ob klar, ob trüb verbreitet:
Allein der Quell, der Mond und Sterne spiegelt,
Zu dem der Pilger naht mit durst'gem Mund,
Die Priesterin, zu sprengen am Altar;
Der wahre rein die ewig lautern Wellen,
995 Und nur bewegt, ist ihm auch schon getrübt.

Und so schlaf wohl! Bedarfst du irgend Rat,
Such ihn bei mir, bei deinem zweiten Vater.

Doch stießest du des Freundes Rat zurück,
Du fändest auch in mir den Mann, der willig,
1000 Das eigne Blut aus diesen Adern gösse,
        (mit ausgestrecktem Arm)
Wüßt' er nur einen Tropfen in der Mischung,
Der Unrecht birgt und Unerlaubtes hegt.
        (Er geht nach der Mitteltüre.)

HERO
(nach einer Pause)
Ich merke wohl, der Vorfall in dem Hain
Mit jenen Fremden hat mir ihn verstimmt.
1005 Und, wahrlich, er hat Recht. Gesteh' ichs nur!
Wenn ich nicht Hero war, nicht Priesterin,
Den Himmlischen zu frommen Dienst geweiht,
Der Jüngere, der Braungelockte, Kleinre,
Vielleicht gefiel er mir. — Vielleicht? — Je nun!
1010 Ich weiß nunmehr, daß, was sie Neigung nennen,
Ein Wirkliches, ein zu Vermeidendes,
Und meiden will ichs wohl. — Ihr guten Götter!
Wie vieles lehrt ein Tag, und ach, wie wenig
Gibt und vergißt ein Jahr. — Nun, er ist fern,
1015 Im ganzen Leben seh' ich kaum ihn wieder,
Und so ists abgetan. — Wohl gut!
        (Sie nimmt den Mantel ab.)
Hier liege du! Mit wie verschiednem Sinn,
Nahm Morgens ich, leg' ich dich Abends hin.
Ein Leben hüllst du ein in deine Falten.
1020 Bewahre was du weißt, ich leg' es ab mit dir.

Doch was beginnen nun? Ich kann nicht schlafen.
        (die Lampe ergreifend und in die Höhe haltend)
Beseh' ich mir den Ort? — Wie weit! — wie leer! —
Genug werd' ich dich schaun manch langes Jahr,
Gern spar' ich was du beutst für künft'ge Neugier.
1025 Horch! — Es war nichts. — Allein, allein, allein!
        (Sie hat die Lampe seitwärts aufs Fenster gestellt und
        steht dabei.)
Wie ruhig ist die Nacht! Der Hellespont

Läßt Kindern gleich die frommen Wellen spielen;
Sie flüstern kaum, so still sind sie vergnügt.
Kein Laut, kein Schimmer rings. Nur meine Lampe
1030 Wirft bleiche Lichter durch die dunkle Luft.
Laß mich dich rücken hier an diese Stäbe!
Der späte Wanderer erquicke sich
An dem Gedanken, daß noch Jemand wacht,
Und bis zu fernen Ufern jenseits hin
1035 Sei du ein Stern und strahle durch die Nacht.

Doch würdest du bemerkt. Drum komm nur
schlafen,
Du bleiche Freundin mit dem stillen Licht.
(Sie trägt die Lampe.)
Und wie ich lösche deinen sanften Strahl,
So möge löschen auch was hier noch flimmert,
1040 Und nie mehr zünd' es neu ein neuer Abend an.
(Sie hat die Lampe auf den Tisch gesetzt.)
So spät noch wach? — Ei Mutter, bitte, bitte! —
Nein, Kinder schlafen früh! — Nun denn, es sei!
(Sie nimmt das Geschmeide aus dem Haar und singt
dabei mit halber Stimme.)
Und Leda streichelt
Den weichen Flaum.
1045 Das ew'ge Lied! Wie kommts mir nur in Sinn?
Nicht Götter steigen mehr zu wüsten Türmen,
Kein Schwan, kein Adler bringt Verlaßnen Trost.
Die Einsamkeit bleibt einsam und sie selbst.
(Sie hat sich gesetzt.)
Auch eine Leier legten sie hierher.
1050 Ich habe nie gelernt darauf zu spielen.
Ich wollte wohl, ich hätts! — Gedanken, bunt
Und wirr durchkreuzen meinen Sinn,
In Tönen lösten leichter sie sich auf.

Ja denn, du schöner Jüngling, still und fromm!
1055 Ich denke dein in dieser späten Stunde,
Und mit so glatt verbreitetem Gefühl,
Daß kein Vergehn sich birgt in seine Falten,

Ich will dir wohl, erfreut doch, daß du fern;
Und reichte meine Stimme bis zu dir,
1060 Ich riefe grüßend: Gute Nacht!

LEANDER
(im Hintergrunde von Außen am Fenster erscheinend)
Gut Nacht!

HERO
Ha, was ist das? — Bist, Echo, dus, die spricht?
Suchst du mich heim in meiner Einsamkeit?
Sei mir gegrüßt, o schöne Nymphe!

LEANDER
                            Nymphe,
Sei mir gegrüßt!

HERO
                Das ist kein Widerhall!
1065 Ein Haupt! — Zwei Arme! — Ha, ein Mann im
          Fenster!
Er hebt sich, kommt! Schon kniet er in der Brüstung.
Zurück! Du bist verloren, wenn ich rufe.

LEANDER
Nur einen Augenblick vergönne mir!
Die Steine bröckeln unter meinen Füßen;
1070 Erlaubst du nicht, so stürz' ich wohl hinab.
Ein Weilchen nur, dann klimm' ich gern zurück.
(Er läßt sich ins Gemach herein.)

HERO
Dort steh und reg dich nicht! — Unsel'ger,
Was führte dich hierher?

LEANDER
(im Hintergrunde nahe beim Eingange stehen bleibend)
                    Ich sah dein Licht
Mit hellem Glanze strahlen durch die Nacht.
1075 Auch hier wars Nacht und sehnte sich nach Licht.
Da klomm ich denn herauf.

HERO

Wer dein Genosse?
Wer hielt die Leiter dir, bot Arm und Hilfe?

LEANDER

Nicht Leiter führte mich, noch äußre Hilfe.
Den Fuß setzt' ich in lockrer Steine Fugen,
1080 An Ginst und Efeu hielt sich meine Hand.
So kam ich her.

HERO

Und wenn du, gleitend, stürztest?

LEANDER

So war mir wohl.

HERO

Und wenn man dich erblickt?

LEANDER

Man hat wohl nicht.

HERO

Des heil'gen Ortes Hüter
Die Wache gehen sie zu dieser Zeit.
1085 Unseliger! Ward dir denn nicht geboten,
Bat ich nicht selbst? du solltest kehren heim.

LEANDER

Ich war daheim, doch ließ mirs keine Ruh;
Da warf ich mich ins Meer und schwamm herüber.

HERO

Wie? Von Abydos' weitentlegner Küste?
1090 Zwei Ruderer ermüdeten der Fahrt.

LEANDER

Du siehst, ich habs vermocht. Und wenn ich starb,
Der ersten Welle Raub, erliegend, sank;
Wars eine Spanne näher doch bei dir,
Und also süßrer Tod.

HERO

Dein Haar ist naß
1095 Und naß ist dein Gewand. Du zitterst auch.

LEANDER

Doch zittr' ich nicht vor Frost; mich schüttert Glut.
(Im Begriff, immer im Hintergrunde bleibend, sich auf
ein Knie niederzulassen.)

HERO

Laß das, und bleib! Ruh dich ein Weilchen aus,
Denn bald, und du mußt fort. So wars mein Licht,
Die Lampe, die dir Richtung gab und Ziel?
1100 Du mahnst mich recht, sie künftig zu verbergen.

LEANDER

O tu es nicht! O Herrin, tu es nicht!
Ich will ja nicht mehr kommen, wenn du zürnst,
Doch dieser Lampe Schein versag mir nicht!
    Als diese Nacht ich schlaflos stieg vom Lager,
1105 Und, öffnend meiner Hütte niedre Tür,
Aus jenem Dunkel trat in neues Dunkel,
Da lag das Meer vor mir mit seinen Küsten,
Ein schwarzer Teppich, ungeteilt, zu schaun,
Wie eingehüllt in Trauer und in Gram.
1110 Schon gab ich mich dem wilden Zuge hin!
Da, am Gesichtskreis flackert hell empor
Ein kleiner Stern, wie eine letzte Hoffnung
Zu goldnen Fäden tausendfach gesponnen,
Umzog der Schein, ein Netz, die trübe Welt:
1115 Das war dein Licht, war dieses Turmes Lampe.
In mächt'gen Schlägen schwoll empor mein Herz,
Nicht halten wollt' es mehr in seinen Banden;
Ans Ufer eilt' ich, stürzte mich ins Meer,
Als Leitstern jenen Schimmer stets im Auge.
1120 So kam ich her, erreichte diese Küste.
Ich will nicht wieder kommen, wenn du zürnst,
Doch raube nicht den Stern mir meiner Hoffnung,
Verhülle nicht den Trost mir dieses Lichts.

HERO

Du guter Jüngling, halt mich nicht für hart,
1125 Weil ich nur schwach erwidre deine Meinung.
Doch kanns nicht sein, ich sagt' es dir ja schon.
Ich bin verlobt zu einem strengen Dienst,
Und liebeleer heischt man die Priesterin.
Ehgestern, wenn du kamst, war ich noch frei,
1130 Nun ists zu spät. Drum geh und kehr nicht wieder!

LEANDER

Man nennt ja mild die Sitten deines Volks,
Sind sie so streng, und drohen sie so viel?

HERO

Die Meder und die Baktrer, fern im Osten,
Sie töten Jene, die, der Sonne Priestrin,
1135 Das Aug auf den geliebten Jüngling warf.
Mein Volk, nicht also mordbegier'gen Sinns,
Es schonet zwar das Leben der Verirrten,
Allein stößt aus sie, und verachtet sie,
Zugleich ihr ganzes Haus und all die Ihren.
1140 Das kann nicht sein mit Hero, fühlst du wohl.
Drum also geh, und trage was du mußt.

LEANDER

So soll ich fort?

HERO

Du sollst. Doch nicht denselben Pfad,
Der dich hierher geführt, er scheint gefährlich.
Durch jene Pforte geh, und folg dem Gang,
1145 Der dich ins Freie führt.
(Mit erregter Aufmerksamkeit einen Augenblick inne
haltend.)
Doch hab mir Acht,
Denn — Horch! — Bei aller Götter Namen!
Ich höre Tritte hierwärts durch den Gang.
Man kommt! Sie nahn! Unsel'ge Stunde! Weh!

LEANDER

Ist hier kein Ort, der schützend mich verbirgt?
1150 Ha, dort hinein.
(Auf die Seitentüre zugehend.)

HERO
Beträtst du mein Gemach?
Hier bleib! Hast dus gewagt, laß sie dich finden, stirb!
Ich selber will hinein.

LEANDER
Sie nahen.

HERO
(nach der Seitentüre hin zeigend)
Hier!
Geh nur hinein! Und nimm die Lampe mit!
Laß es hier dunkel sein! Hörst du? Nur schnell!
1155 Allein nicht vorwärts dring, bleib nah der Tür!
Schnell, sag' ich, schnell!

LEANDER
Du aber?

HERO
Still! und fort!
(Leander hat die Lampe ergriffen und geht durch die
Seitentüre ab. Das Gemach ist dunkel.)

HERO
Nun, Götter, waltet ihr in eurer Milde!
(Sie senkt sich in den Stuhl, mit halbem Leibe sitzend,
so daß das linke herabgesenkte Knie beinahe den Boden
berührt, die Augen mit der Hand verhüllt, die Stirne
gegen den Tisch gelehnt.)

DES TEMPELHÜTERS STIMME
(von außen)
Ist hier noch Jemand wach?

IANTHE

(eben so)
Du siehst ja, alles dunkel.
(Die Türe wird halb geöffnet.)

TEMPELHÜTER

Doch sah ich Licht.

IANTHE

Das schien dir wohl nur so.
1160 Auch wohnt die Priestrin hier, du weißt es selbst.

TEMPELHÜTER

Doch was ich sah lass' ich mir nicht bestreiten
(Die Türe schließt sich.)
Und kommt der Tag, soll es sich weisen, ob —
(Die Worte verhallen, die Tritte entfernen sich.)

HERO

O Scham und Schmach!

LEANDER

(aus der Seitentüre tretend)
So sind sie fort? — Wo weilst du?
Bist, Jungfrau, du noch hier?
(Er berührt, suchend, ihre Schulter.)

HERO

(emporfahrend)
Wo ist das Licht?
1165 Die Lampe, wo? Bring erst die Lampe sag' ich!
(Leander geht zurück.)
O alles Unheil auf mein schuldig Haupt!

LEANDER

(der mit der Lampe zurückkommt)
Hier ist dein Licht.
(Er setzt es hin.)
Und dank mit mir den Göttern —!

HERO
(rasch aufstehend)
Dank, sagst du? Dank? Wofür? Daß du noch lebst?
Das all dein Glück? Entsetzlicher! Verruchter!
1170 Was kamst du her? nichts denkend als dich selbst,
Und störst den Frieden meiner stillen Tage,
Vergiftest mir den Einklang dieser Brust?
O hätte doch verschlungen dich das Meer,
Als du den Leib in seine Wogen senktest!
1175 Wär', abgelöst, entglitten dir der Stein,
An dem du dich, den Turm erklimmend, hieltst,
Und du — Entsetzlich Bild! — Leander, o — !

LEANDER
Was ist? Was schiltst du nicht?

HERO
Leander, hörst du?
Kehr nicht den Weg zurück, auf dem du kamst,
1180 Gefahrvoll ist der Pfad. — Entsetzlich, gräulich!
Was ist es, das den Menschen so umnachtet,
Und ihn entfremdet sich, dem eignen Selbst,
Und fremdem dienstbar macht? — Als sie nun kamen,
Drei Schritte fern, und nun mich fanden, sahn;
1185 Ich zitterte, — doch nicht um mich! — Verkehrtheit!
Ich zitterte für ihn!

LEANDER
Und darf ichs glauben?

HERO
Laß das! Berühr mich nicht! — Das ist nicht gut,
Was so verkehrt die innerste Natur,
Auslöscht das Licht, das uns die Götter gaben,
1190 Daß es uns leite, wie der Stern des Pols
Den Schiffer führt.

LEANDER
Das nennst du schlimm?
Und alle Menschen preisens hochbeglückt,
(Er kniet vor ihr.)
Und Liebe nennen sies.

HERO

Du armer Jüngling!
So kam denn bis zu dir das bunte Wort,
1195   Und du, du sprichst es nach und nennst dich glück-
lich?

(Sein Haupt berührend.)
Und mußt doch schwimmen durch das wilde Meer,
Wo jede Spanne Tod; und kommst du an,
Erwarten Späher dich und wilde Mörder —
(Mit einem Blick nach rückwärts zusammenfahrend.)

LEANDER
(der aufspringt)
Was ist?

HERO

O jeder Laut dünkt mich ein Häschertritt!
1200 Die Kniee zittern.

LEANDER
Hero, Hero, Hero!

HERO

Laß das! Berühr mich nicht! Du mußt nun fort!
Ich selber leite dich den sichern Pfad.
Denn, wenn sie kämen, dich hier fänden, fingen —
(Sich an der Lehne des Stuhles festhaltend.)

LEANDER
(nach einer kleinen Pause)
Und darf ich, Jungfrau, wieder kommen?

HERO

Du!?

LEANDER
1205 So meinst du: nie? in aller Zukunft nie?
Kennst du das Wort und seinen grausen Umfang?
Dann auch: Du warst um mich besorgt. Weißt du?
Ich muß zurück durchs brausend wilde Meer,
Wirst du nicht glauben, daß ich sank und starb,
1210 Bleibt kundlos dir mein Weg?

HERO
Send einen Boten mir!

LEANDER
Ich habe keinen Boten als mich selbst.

HERO
Nun denn, du holder Bote; komm denn, komm!
Allein nicht hier an diesen Todesort. Am Ufer
Streckt eine Zunge sandig sich ins Meer.
1215 Dort komm nur hin, verbirg dich in den Büschen;
Vorübergehend hör' ich was du sprichst.

LEANDER
Die Lampe aber hier, laß sie mir leuchten,
Die Wege sie mir zeigen meines Glücks.
Wann aber komm' ich wieder? Jungfrau sprich!

HERO
1220 Am Tag des nächsten Fests.

LEANDER
Du scherzest wohl!
Sag, wann?

HERO
Wenn neu der Mond sich füllt.

LEANDER
Bis dahin schleichen zehen lange Tage!
Trägst du die Ungewißheit bis dahin? Ich nicht!
Ich werde fürchten, daß man uns bemerkt,
1225 Du wirst mich tot in deinem Sinne schaun;
Und zwar mit Recht! Denn raubt mich nicht das
Meer,
So tötet Sorge mich, die Angst, der Schmerz.
Sag: übermorgen; sag: nach dreien Tagen.
Die nächste Woche sag!

HERO
Komm Morgen denn!

LEANDER

1230 O Seligkeit! o Glück!

HERO

Und kehrst du heim, Leander,
Das Meer durchschwimmend, nächtig, wie du
    kamst;
So wahre dieses Haupt, und diesen Mund,
Und diese meine Augen. Hörst du wohl?
Versprich es mir!
        (Da er sie umfassen will, zurücktretend.)
                    Nein, nein! — Nun aber folge!
1235 Ich leite dich!
(Sie geht nach dem Tische, die Lampe zu holen.)

LEANDER
(ihr mit den Augen folgend)
O herrlich, himmlisch Weib!

HERO

Was kommst du nicht?

LEANDER

Und soll ich also darbend
Verlassen diesen sel'gen Götterort?
Kein Zeichen deiner Huld, kein armes Pfand
Fort mit mir tragen, meiner Sehnsucht Labung?

HERO

1240 Wie meinst du das?

LEANDER

Nicht mindestens die Hand? —
Und dann! — Sie legen Lipp an Lippe,
Ich sah es wohl, und flüstern so sich zu,
Was zu geheim für die geschwätz'ge Luft.
Mein Mund sei Mund, der deine sei dein Ohr!
1245 Leih mir dein Ohr für meine stumme Sprache!

HERO

Das soll nicht sein!

E

LEANDER

Muß ich so viel? du nichts?
Ich in Gefahr und Tod, du immer weigernd?
(Kindisch trotzend.)
Ich werde sinken, kehr' ich trauernd heim.

HERO

Du, frevle nicht!

LEANDER

Und du gewähr!

HERO

1250   Wenn du dann gehst.

LEANDER

(auf ein Knie niedersinkend)
Gewiß!

HERO

Und mir nicht streitest,
Daß ich zu leicht die Wange dir berührt;
Nein, dankbar bist vielmehr und fromm dich fügst.

LEANDER

Du zögerst noch!

HERO

Die Arme falte rückwärts,
Wie ein Gefangener, der Liebe, mein Gefangner.

LEANDER

1255   Sieh, es geschah.

HERO

(das Licht auf den Boden stellend)
Die Lampe solls nicht sehn.

LEANDER

Du kommst ja nicht!

HERO

Bist du so ungeduldig?
So soll auch nie — Und doch, wenns dich beglückt.

So nimm und gib!
>   (Sie küßt ihn rasch.)
>   Nun aber mußt du fort!

LEANDER
(aufspringend)
Hero!

HERO
Nein, Nein!
>   (Zur Türe hinauseilend.)

LEANDER
>   Wenn ich dir flehe. Hero!
1260   Verwünscht! neidisches Glück!
>   (An der Türe horchend.)
>   Doch hör' ich Tritte,
Es sind die ihren, nähern sich der Tür,
Leis auf den Zehn. — So kommt sie wieder? —
>   Götter!

DER VORHANG FÄLLT

VIERTER AUFZUG

Offner Platz, im Hintergrunde das Meer. Rückwärts
auf der linken Seite Heros Turm mit einem halb gegen
das Meer gerichteten Fenster und einem schmalen
Eingange, zu dem einige Stufen emporführen.
Daneben am Ufer einige hochgewachsene Sträucher.
Nach vorn auf derselben Seite laufen Schwibbögen
und Säulen, die Nähe von Wohnungen bezeichnend.
Die rechte Seite frei mit Bäumen. Quer in die Bühne
hineinstehend eine steinerne Ruhebank.

Nach dem Aufziehen des Vorhanges hört man hinter
der Szene

DIE STIMME DES TEMPELHÜTERS
Hierher, hierher, ihr Diener dieses Hauses!

(Dann tritt HERO ganz vorne rechts auf.)

HERO
Er ist hinüber. Allen Göttern Dank!
1265 Wars doch, als hätte sich das All verschworen
Ihn hier zu halten bis zum lichten Tag.
Ein Gehen war und Kommen ohne Ruh.
Und er stand da, im Winkel still geduckt.
Da endlich kam der günst'ge Augenblick. —
1270 Nun, er ist fort, und ich bin wieder ruhig.

Auf derselben Seite, mehr nach rückwärts, kommt der
TEMPELHÜTER, ein Horn am Bande um den Leib, und
einen Spieß auf der linken Schulter, ihr bei jeder
Bewegung folgend.

TEMPELHÜTER
Du sahst ihn wohl?

HERO
Wen doch?

64

TEMPELHÜTER
                    Den fremden Mann.
Er sprang nur jetzt ins Meer.

HERO
                         Nur jetzt? so rasch?

TEMPELHÜTER
Drei Schritte kaum von dir.

HERO
                         Und sah ihn nicht?
(Sie geht auf den Turm zu.)

TEMPELHÜTER
Wohl sahst du ihn, und mußtest wohl ihn sehn!

HERO
                    (weitergehend)
1275 Muß ich? Bin ich denn Wächter so wie du?

TEMPELHÜTER
Nicht Wächter. — Zwar, wenn Wächter ist, wer
      wacht:
Du wachtest ziemlich lang bei deiner Lampe.

HERO
Ei, daß du alles siehst!

TEMPELHÜTER
                    Wohl seh' ich, wohl!
(Der PRIESTER kommt von der linken Seite.)

PRIESTER
Find' ich hier Streit?

HERO
                 (auf den Stufen des Turms)
                    Der Mann da ist nicht klug.

TEMPELHÜTER
1280 Wollt' ich nur reden, ei!

HERO

Er spricht und spricht!

Ich geh'!

PRIESTER

Wohin?

HERO

In Turm.

PRIESTER

Was dort?

HERO

Zu schlafen.
(Ab in den Turm.)

TEMPELHÜTER

Zu schlafen, ja! nachdem sie lang gewacht!

PRIESTER

Was war denn hier?

TEMPELHÜTER

(Heron nachsprechend)
Und nennst du mich nicht klug?
Weil ich ein Diener nur, ihr hohen Stamms?
1285   Meinst du, die Klugheit erbe eben fort
Vom Vater auf den Sohn, wie Geld und Gut?
Ei, klug genug, und schlau genug, und wachsam!
(Er stößt den Spieß in den Boden.)

PRIESTER

Soll ich erfahren denn?

TEMPELHÜTER

(noch immer Heron nachsprechend)
Ei ja, ja doch!

PRIESTER

(zum Gehen gewendet)
Du leistest, merk' ich, selber dir Gesellschaft.
1290   Ich gönne sie, und überlass' dich ihr.

TEMPELHÜTER

Herr! Eben sprang ein Mann vom Ufer in die Flut.

PRIESTER

Das also wars?

TEMPELHÜTER

Und Hero stand nicht fern.

PRIESTER

Er sprang wohl auch, stand ich in seiner Nähe.

TEMPELHÜTER

Und dort in jenem Turme brannte Licht
1295 Die ganze Nacht.

PRIESTER

Das sollte freilich nicht.
Doch Hero weiß wohl kaum, daß wir vermeiden,
Durch Licht und Flamme, Bösgesinnten, Feinden,
Den Weg zu zeigen selber durch die Klippen,
Mit denen sich die Küste gürtend schützt.
1300 Drum warne sie!

TEMPELHÜTER

Ei, daß sie meiner spottet!
Sie wußt' es wohl, und dennoch brannte Licht,
Das macht: sie wachte, Herr.

PRIESTER

So?

TEMPELHÜTER

Bis zum Morgen.
Und oben wars so laut und doch so heimlich,
Ein Flüstern und ein Rauschen hier und dort;
1305 Die ganze Gegend schien erwacht, bewegt.
Im dichtsten Laub ein sonderbares Regen,
Wie Windeswehn, und wehte doch kein Wind.
Die Luft gab Schall, der Boden tönte wider
Und was getönt und widerklang war: nichts.
1310 Das Meer stieg rauschend höher an die Ufer,

Die Sterne blinkten, wie mit Augen winkend,
Ein halbenthüllt Geheimnis schien die Nacht.
Und dieser Turm war all des dumpfen Treibens
Und leisen Regens Mittelpunkt und Ziel.
1315 Wohl zwanzigmal eilt' ich an seinen Fuß,
Nun, meinend, nun das Rätsel zu enthüllen,
Und sah hinan; nichts schaut' ich, als das Licht,
Das fort und fort aus Heros Fenster schien.
Ein einzigmal lief wie ein Mannesschatten
1320 Vom Meeresufer nach dem Turme zu;
Ich folg' und, angelangt, war wieder nichts,
Nur Rauschen rings und Regen, wie zuvor.

PRIESTER

Scheints doch, des ganzen Wunders voller Inhalt,
Mit Ursach und mit Wirkung, lag in dir.

TEMPELHÜTER

1325 Ei, Herr, und warum brannte denn das Licht,
Die ganze Nacht, bis kurz, wie ich berichtet?
Als mich der Spuk zum Rasen halb gebracht,
Trat ich ins Innre des Gebäudes, jenseits,
Wo an den Turm der Diener Wohnung schließt.
1330 Da fällt Ianthe mir zuerst ins Auge,
Gekleidet und geschmückt, als wärs am Tag.

PRIESTER

Des Rätsels Lösung bietet sich von selbst.
Frag du das Mädchen. Ruf sie her! Du kennst sie,
Und weißt, wie oft sie Störung schon gebracht.

TEMPELHÜTER

1335 So dacht' ich auch, und schalt sie tüchtig aus.
Allein das Licht an jenem, jenem Fenster.
Und dann: als kurz ich vor im Haine ging,
Springt, hup! ein Mann ins brausend schäum'ge Meer.
Und in demselben Augenblick tritt Hero,
1340 Drei Schritte kaum entfernt, aus dem Gebüsch.

PRIESTER

Wenn du vermuten willst, such andern Stützpunkt,
Nur was dir ähnlich treffe dein Verdacht.

TEMPELHÜTER

Nur was mir ähnlich? Ei, ich seh' es kommen!
Dem Diener sei nicht Urteil, noch Verstand.

PRIESTER

1345 Ruf mir Ianthen!

TEMPELHÜTER

Aber, Herr, das Licht!

PRIESTER

Ianthen, sag' ich dir!

TEMPELHÜTER

Und jener Mann,
Der sprang ins Meer, und gen Abydos schwamm?

PRIESTER

Wie sagst du? Gen Abydos?

TEMPELHÜTER

Wohl!

PRIESTER

Abydos?

Ruf mir Ianthen!

TEMPELHÜTER

Wohl!

PRIESTER

Und Heron sage —
(Eine Rolle aus dem Busen ziehend.)
1350 Gib ihr dies Schreiben, das von ihren Eltern
Nur eben kam, und das — Vielmehr, laß nur! —
Sag ihr, daß ich die Dienerin beschied.
(Der Tempelhüter ab in den Turm.)

PRIESTER

　　　　　　　　Abydos!
Was ists, daß dieser Name mich durchfährt?
War aus Abydos nicht das Fremdenpaar,
1355 Das jüngst im Hain — Wahnsinn, es nur zu denken!
Und doch! Ist nicht das Jünglingsalter kühn,
Und bleibt nicht gern auf halbem Wege stehn,
Vor allem wo Verbotnes lockt. Wenn sie
Versucht, das Abenteuer zu bestehn,
1360 Das mein Dazwischentritt gestört, und Hero,
Unwissend trüge sie des Wissens Schuld,
Nebstdem, daß sie noch jung und neu im Leben,
Noch unbelehrt zu meiden die Gefahr,
Ja zu erkennen sie. — Genug, genug!
1365 In meinem Innern reget sich ein Gott,
Und warnt mich, zu verhüten, ehs zu spät!

　　(Der TEMPELHÜTER ist zurück gekommen.)

PRIESTER
Nun?

TEMPELHÜTER
　　Hero hält Ianthen noch bei sich.
Die Priestrin ruht, gelehnt auf weichen Pfühl,
Das Mädchen kniet vor ihr, und spricht und tändelt.
1370 Man läßt dich bitten, Herr —

PRIESTER
　　　　　　Sie zögern, wie?
Heiß du Ianthen Augenblicks mir nahn.

TEMPELHÜTER
　　(sich nach rückwärts bewegend)
Nur aber —

PRIESTER
　　　　Und wenn still auch sonst und klug!
Der Wahnsinn der das kluge Weib befällt,
Tobt heft'ger als der Torheit wildstes Rasen.

(IANTHE kommt.)

TEMPELHÜTER

1375 Ei komm nur immer, komm nur, du Geschmückte!
Hier frägt man dich, warum so spät du wachst.

PRIESTER

Von allem was sich Schlimmes je begab
In diesem Haus, fand ich dich immer wissend,
Belehrt durch Mitschuld, oder Neugier mindstens.
1380 Nun meldet man, daß sich in dieser Nacht
Verdächtig Treiben hier am Turm geregt,
Auch fand dich dieser Mann, da alles schlief,
Noch wachend und gekleidet in den Gängen.
Drum steh ihm Red und sage was du weißt.
(Er entfernt sich)

IANTHE

1385 Bei allen Göttern, Herr —

PRIESTER
(zurücksprechend)
Laß du die Götter!
Und sorg erst wie den Menschen du genügst.

IANTHE

Nichts weiß ich ja; ich hörte nur Bewegung,
Ein Kommen und ein Gehn. Die Nacht war schwül;
Da lauscht' ich vor der Tür, und ging dann schlafen.

TEMPELHÜTER

1390 So nennst du: vor der Tür, zwei Treppen hoch?
Ich fand dich in dem Gang vor Heros Kammer.

IANTHE

Ich war so bang, allein; da wollt' ich Hero fragen,
Ob sie gehört, und ob ihr bang wie mir?

PRIESTER
(sich wieder nähernd)
Ich aber sage dir: du sollst gestehn!
1395 Denn daß du weißt, zeigt mir dein ängstlich Zagen.

HERO kommt.

HERO

Was ist denn nur? Warum berief man uns?

PRIESTER

Hier ist Ianthe, die du kennst, gleich mir.
Sie wird beschuldigt, daß bei nächt'gem Dunkel —

HERO

Man tut ihr wohl zu viel!

PRIESTER

So weißt du — ?

HERO

Herr!

1400 Ich weiß nur, daß der Mensch gar gern beschuldigt,
Und vollends dieser Mann ist wirren Sinns.

PRIESTER

Doch ists gewiß: ein Fremder war am Turm.

HERO

(nach einer Pause)
Nun Herr, vielleicht der Überird'schen Einer!
Du sprachst ja selbst: in altergrauer Zeit
1405 Stieg oft ein Gott zu sel'gen Menschen nieder.
Zu Leda kam, zum fürstlichen Admet,
Zur strengverwahrten Danae ein Gott:
Warum nicht heut? Zu ihr; zu uns, zu wem du willst.
(Sie geht auf die Ruhebank zu.)

PRIESTER

Sprach das der Spott? und dünkt das Heil'ge dir — ?
(zu Ianthen)
1410 Nun Törin, oder Schuldige, gesteh!

IANTHE

Frag doch nur Hero selbst. Sie wohnt im Turm;
War dort Geräusch, vernahm sie es wohl auch.

PRIESTER
(sich Hero nähernd)
Hörst du?

HERO
(die sich gesetzt hat, halb singend, den Kopf in die
Hand gestützt)
Sie war so schön,
1415   Ein Königskind.
(sprechend)
Nun lichter Schwan, flogst du zu lichten Sternen?

PRIESTER
Hero!

HERO
(emporfahrend)
Was ist? Wer faßt mich an? Was willst du?

PRIESTER
Hast du vergessen schon?

HERO
           Nicht doch! ich weiß
Was man beschuldigt Jene, ohne Grund.
1420 Sei du nicht bang, Ianthe, frohen Muts!
Wenn Alle dich verließen, Alle sie,
In meiner Brust lebt dir ein warmer Anwalt.
(Sie küssend.)
Wenn sie dich quälen, Gute, komm zu mir!
Nun aber geh, sie spotten dein und meiner.

PRIESTER
1425 Bleib noch!
(Ianthe zieht sich zurück.)

PRIESTER
(zu Hero)
Du liebtest nie das Mädchen sonst.
Woher der Anteil nun?

HERO

(die aufgestanden ist)
Was frägst du mich?
Sie ist gekränkt, brauchts da noch andern Grund?

PRIESTER

Doch wem galt jene nächtig dunkle Störung?

HERO

Warum denn ihr?

PRIESTER

Wem sonst?

HERO

Die Lüfte wissens;
1430   Doch sie verschweigens auch.

PRIESTER

Nun denn, zu dir. Man sah
In deinem Turme Licht die ganze Nacht.
Tu das nicht mehr.

HERO

Wir haben Öl genug.

PRIESTER

Doch siehts das Volk und deutets wie es mag.

HERO

Mags denn!

PRIESTER

Auch riet ich dir den Schein zu meiden,
1435   Den Schein sogar; viel mehr noch wahren Anlaß.

HERO

Wir meiden ihn, doch meidet er auch uns?

PRIESTER

Sprichst aus Erfahrung du?

HERO

Was ist die Zeit?
Wie lang ist noch bis Abend?

PRIESTER

Und warum?

HERO
Gesteh' ichs, ich bin müd.

PRIESTER

Weil du gewacht?

HERO
1440 So ists. Der Wind kommt uns von Osten denk' ich,
Und ruhig ist die See. Nun, gute Nacht!

PRIESTER
Am hohen Tage? Hero, Hero, Hero!

HERO
Was willst du, Ohm?

PRIESTER
Hab Mitleid mit dir selbst!

HERO
Ich sehe wohl, um mich geht Manches vor,
1445 Das mich betrifft, und nah vielleicht und nächst,
Doch fass' ichs nicht und düster ist mein Sinn.
Ich will darüber denken.

PRIESTER
Halt vorerst!!
—Du kannst noch nicht zurück in deine Wohnung!—
Erst harrt noch — ein und anderes Geschäft.

HERO
1450 Geschäft?

PRIESTER
(streng)
Geschäft! —
(Gemildert.)

Des neuen Amtes Bürde.
Im Tempel ist—Und doch— —Vergaß ichs denn? —
Von deinen Eltern kam ein Brief — Vielmehr:

Man meldet mir, ein Bote deiner Eltern,
Von ihnen scheidend noch zu uns gesendet,
1455 Sei angelangt am östlich äußern Tor,
Das abschließt unsern heiligen Bezirk.
Allein die Fischer, die am Meere wohnen,
Mißtrauisch jedem Fremden, und vielleicht
Der Störungen schon kundig dieser Nacht,
1460 Sie wehren ihm den Eintritt bis zu uns.
Ich gönne dir die Freude, geh du hin,
Und sprich den Mann und höre was er bringt.

HERO
So muß ich selbst — ?

PRIESTER
Treibt dich Verlangen nicht?
Botschaft von deinen Eltern, dann —

HERO
Ich gehe.

PRIESTER
1465 Du findest wohl den Mann bei jenen Hütten,
Doch wär' es nicht, und hätt' er sich entfernt,
So wirst du mir schon weiter wandeln müssen,
Bis du —

HERO
Es soll geschehn.

PRIESTER
Tritt nur indes
Bei unsers Hauses wackerm Schaffer ein,
1470 Von dort aus sende Diener, die ihn suchen.
Und — einmal da, laß dir den Vorrat zeigen,
Den man dort sammelt für der Göttin Dienst.

Das letzte Fest ließ unsern Tempel nackt.
Es fehlt an Weihrauch, Opfergerste, Linnen;
1475 Kannst du davon mir bringen, dank' ich dirs.

HERO

Dann aber kehr' ich heim.

PRIESTER

Gewiß! Wenn du
Der Pilgerruh erst einen Blick gegönnt,
Die dort ganz nah auf schlanken Säulen steht.
Vielleicht birgt unser Mann sich dort zumeist.
1480 Auch haben Waller sich, so heißts versammelt,
Die ferneher zu unserm Tempel ziehn.
Tritt unter sie und sprich ein nützlich Wort.
Den Opfern die sie bringen wohne bei.
Und hast du so dein heilig Amt vollbracht —
1485 Es wäre denn, der Rückweg gönnte Zeit —

HERO

Genug, o Herr! Beinah sagt' ich: zuviel.
(einschmeichelnd)
Gesteh' ich dirs; ich bliebe lieber hier.

PRIESTER
(ruhig)
Doch muß es sein.

HERO
Muß es? Nun so geschehs.

PRIESTER

Nimm nur die neue Freundin mit, Ianthen,
1490 Die dir so sehr gefällt. Das kürzt den Weg.

HERO

Hast du doch recht, und also will ich tun.
Ianthe komm, und leite mich den Pfad.
Dein froh Gespräch laß uns den Weg verkürzen.
Und werd' ich müd, so leih mir deinen Arm.

F

1495   Du aber stille Wohnung lebe wohl!
        Eh noch der Abend graut, seh' ich dich wieder!

        Wo bist du? Ah! — Sei heute Hero du
        Und denke, sprich für mich. Ein andermal
        Bin ich Ianthe gern! Und sei nicht grämlich. Hörst du?
        (Ianthens Nacken umschlingend ab.)

PRIESTER

1500   Zähm' ich den Grimm in meiner tiefsten Brust?
        Kein Zweifel mehr, die Zeichen treffen ein! —
        Ein Mann dem Tempel nah, und Hero weiß es.
        Und Einer wars von jenen Jünglingen,
        Leander und Naukleros heißen sie,
1505   Die, aus Abydos, ich im Haine traf.
        Ob aber schon seit lang mit Heuchlerkunst,
        Sie mirs verbirgt; ob nun erst, heute, jetzt erst? —

        — Naukleros und Leander! Welcher wars?
        (Die flachen Hände vor sich hingestreckt.)
        In gleichen Schalen wäg' ich euer Los.
1510   Die Namen beide ähnlichen Gehalts,
        Die Zahl der Laute gleich in ein und anderm,
        Desselben Anspruchs Jeder auf das Glück:
        Indes der Eine doch ein Lebender, Beseelter,
        Sein Freund ein Toter ist, schon jetzo tot.
1515   Denn weil sie fern, leg' ich die Schlingen aus,
        Die ihn verderben, kehrt der Kühne wieder.
        Unseliger, was streckest du die Hand
        Nach meinem Kind, nach meiner Götter Eigen?
        (Nach rückwärts gewendet.)
        Ha Alter du noch hier? Laß uns hinauf.
1520   Erforschen jedes Zeichen, das der Tat
        Der noch verhüllten, dunkeln Fußtritt zeigt.
        Kommt dann die Nacht und siehst du wieder Licht —
        Und doch wer weiß, ob wir uns nicht getäuscht?
        Ist Zutraun blind, sieht Argwohn leicht zu viel:
1525   Zum mindesten befehl' ich dir zu zweifeln,

Bis ich dir sage: glaubs! Erschrick nicht, Alter!
Geh nur voran und öffne jene Tür.
  (Der Alte geht dem Turme zu.)

PRIESTER

(im Begriff ihm zu folgen)

Fortan sei Ruh! Der Torheit Werk vergeh!
Der Morgen find' es nicht. Es sei gewesen.
  (Mit dem Diener in den Turm ab.)

Kurze Gegend. Rechts im Vorgrunde Leanders
Hütte. Daneben ein Baum mit einem Votivbilde.

NAUKLEROS

(kommt und bleibt vor der Hütte stehen, mit dem Fuß
auf den Boden stampfend)

1530 Leander, hör! Machst du nicht auf? — Leander!

Bis jetzt hat meine Sorgfalt ihn bewahrt.
Ich ließ ihn gestern Abends in der Hütte
Und heute tat, die Nachbarn sagens,
Sich noch nicht auf die festverschloßne Tür.
1535 Doch gilts zu wachen noch, zu hüten, sorgen.
Was aber zögert er? Es ist schon spät.
Hat allzugroßer Schmerz — ? Wie, oder gar?
Vergaß vielleicht den Gram und seine Leiden?
Und träumt nun langgestreckt? Leander! Ho!
1540 Langschläfer, Ohnesorg! Beim Sonnengott!
Machst du nicht auf, so spreng' ich dir die Tür!

Mit alle dem dünkts mich doch sonderbar—
  (Er sieht durch die Spalte.)

  (LEANDER tritt links im Hintergrunde auf.)

LEANDER

Huhup!
  (Er zieht sich wieder zurück)

NAUKLEROS

(rasch umgewendet)
Wer da? — Freund oder Feind?

LEANDER

(vortretend)

Ha, ha!
Erschreckt?
(Er trägt einen Stab in der Hand und unter dem Arm
ein Schleiertuch, dessen eines Ende er während des
Folgenden in eine Schleife bindet.)

NAUKLEROS

Du selbst? und also spöttisch
1545   Genüber deinem Meister, deinem Herrn?
Und dann? — Was dünkt mir denn? — Wo kommst
du her?
Verließ ich dich nicht Abends in der Hütte?
Und heute, — sieh, ich weiß, die Nachbarn sagens —
Ging noch nicht auf die festverschloßne Tür.
1550   Wo kommst du her? und wie?
(Er greift mit der Hand hin um Leanders Beschäf-
tigung zu unterbrechen.)

LEANDER

(zurückziehend)
Mein Stab! Mein Wimpel, ei!

NAUKLEROS

Dein Haar ist feucht, die schweren Kleider kleben.
Du warst im Meer.

LEANDER

Wie bündig schließt der Mann!
(Er geht während des Folgenden nach rückwärts zum
Baume und legt Stab und Schleier auf einer Erder-
höhung unter dem Götterbilde nieder.)

NAUKLEROS
(seinen Bewegungen folgend)
Im Meer! — Weshalb? — Du warst doch nicht? —
Leander!
Weißt du? Sie senden Späher aus von Sestos,
1555 An unserm Ufer hat man ihrer schon gesehn.
Wenn nun so weit, bis über Meeresgränze
Ihr Argwohn reicht, um wie viel strenger denkst du
Das Jenseits dir bewacht, uns feind von je?
Der wär' ein Tor, der irgend es versuchte,
1560 Zu stürzen sich ins aufgespannte Netz.
Dann aber: wie?

LEANDER
(der wieder zurückgekommen ist, nach rückwärts
sprechend)
Bewahre mirs, du Gott!

NAUKLEROS
Noch einmal: wie? Du weißt, ich brach das Steuer
Von deinem Kahn, und alle Nachbarn hielten
Auf mein Gesuch die Nachen unterm Schloß.
1565 Wenn nun zu Schiffe nicht, wie sonst? Denn schwim-
mend,
Leander schwimmend — Kennst du auch den Raum,
Der trennt Abydos' Strand von Sestos' Küste?
Kein Lebender kommt lebend drüben an,
Denn hielte auch die Kraft, so starren Klippen,
1570 Die reichen rings, so weit das Ufer reicht,
Kein Ruheplatz, noch Anfurt, keine Stelle,
Die sichre Landung beut.

LEANDER
Sieh nur! so schroff?

NAUKLEROS
Nun ja, ein Ort ist zwischen scharfen Klippen,
Dort mag ein Glückskind, das ihn nicht verfehlt,
1575 In finstrer Nacht, dort mag dem Land er nahn.

Ein Turm steht da, voreinst zum Schutz gebaut;
Jetzt wohnt die Priesterjungfrau drin, die einst wir
Im Haine sahn. Du wohl seitdem — Leander!
Birg nicht dein Aug! Zu spät! Denn es gestand.

1580   Nun, du warst dort heut Nacht, statt hier zu ruhn,
Fandst glücklich aus den einz'gen Platz der Landung,
Und standst am Turm, den feuchten Blick empor,
Liebäugelnd mit dem Licht in ihrer Kammer.
Sahst ihre Schatten an den Wänden fliehn,
1585   Beglückt, um höhern Preis nicht, als den Tod,
Im Übermaß von so viel Glück zu schwelgen.

LEANDER

Armseliger!

NAUKLEROS

Auch das! Die Schildrung war zu schwach.
Du sahst sie, sprachst mit ihr, fandst Haus und Pforte
Geöffnet, unbewacht, tratst ein —

LEANDER
(sich in seine Arme werfend)
Naukleros!

1590   Fühlst du den Kuß? Und weißt du, wer ihn gab?

NAUKLEROS

Laß ab! Dein Kuß ist Tod.

LEANDER
So furchtsam?

Naukleros feig?

NAUKLEROS

Nun ja, ich seh' es wohl, wir haben,
Die Plätze haben wir getauscht. Ich furchtsam,
Du kühn; Leander frohen Muts, Naukleros —
1595   Ich werde doch nicht gar noch weinen sollen?
Wohlan, geh in den Tod! Nur Eines,
Ein Einziges versprich mir: Dieses Mal,
Diesmal such mir ihn nicht. Bleib fern von Sestos.

Damit, wenn du nun daliegst bleich und kalt,
1600 Ich mir nicht sagen müsse: Du warsts, du,
Der treulos seine Freundespflicht versäumt,
Ihm selber wies die Todgeschwellten Früchte,
Selbst wob das Netz, das klammernd ihn umfing.
(Ein Knie zur Erde gebeugt.)
Leander!

LEANDER
Bist du krank? Was kommt dir an?

NAUKLEROS
1605 Hast du doch recht, und fürder auch kein Wort!
Wer spräch' auch wohl zum brandend tauben Meer,
Zum lauten Sturm, dem wilden Tier der Wüste,
Das achtlos folgt der angebornen Gier.
Darum kein Wort! Nur, denkst du irgend noch
1610 Der Freundschaft, die uns einst —

LEANDER
Naukleros, einst?

NAUKLEROS
Laß das! Es spricht die Tat. Schein' ich dir irgend
Noch eines kleinen, armen Dienstes wert:
Tu mir die Lieb und öffne jene Tür.

LEANDER
Wozu?

NAUKLEROS
Ich bitte dich!

LEANDER
Der Schlüssel, weißt du,
1615 Liegt unterm Stein.

NAUKLEROS
Tus selbst!

LEANDER
(der die Türe der Hütte geöffnet hat)
Es ist geschehn.

NAUKLEROS

Wohlan! Und daß ich dankbar mich erweise:
Geh dort hinein!

LEANDER

Ich nicht!

NAUKLEROS

                    Du sollst! Du mußt!
Der Stärkre war ich stets, der Ältre bin ich,
Und jetzt stählt Sorge dreifach meinen Arm.
            (Leander anfassend.)
1620 So fass' ich dich, so halt' ich dich, so drück' ich
Dich an den Grund. Gehorchst du wohl?

LEANDER

            (mit gebrochenen Knieen)
                                Halt ein!

NAUKLEROS

            (ihn loslassend)
Armseliger! von Lieb und Wellen matt!
Und nun hinein!

LEANDER

            (zurückweichend)
            Fürwahr! ich werde nicht!

NAUKLEROS

    (ihn anfassend und zurückdrängend)
Du wirst, du sollst, du mußt!

LEANDER

            Laß ab!

NAUKLEROS

                            Vergebens!
(Er hat ihn in die Türe gedrängt, die er jetzt rasch an
                sich zieht.)
1625   Nun zu die Tür!
            (Er dreht den Schlüssel.)
            Und schwimm du künftig wieder!

Ich will als Schließer selbst dir Nahrung bringen.
Doch daß du nicht entkommst, bin ich dir gut.

LEANDER
(von innen)

Naukleros!

NAUKLEROS

Nein!

LEANDER

Ein Wörtchen nur!

NAUKLEROS

Nicht eins!

LEANDER

Doch wenn mein Heil, mein Leben dran geknüpft,
1630   Daß du mich hörst?

NAUKLEROS

Was also wär' es denn?

LEANDER

Nur eine Spanne weit mach auf die Tür!
Mein Dasein ist bedroht, wenn dus verweigerst.

NAUKLEROS

Nun, Handbreit öffn' ich denn.
(zurückprallend)
Ha, was ist das?
(LEANDER stürzt aus der Hütte, das Haupt mit einem
Helme bedeckt, den Schild am Arme, ein bloßes
Schwert in der Hand.)

LEANDER

Komm an! komm an! Warum nicht hältst du mich?
1635   Noch ist mir meines Vaters Helm und Schwert,
Und Tod dräut Jedem, der sich widersetzt.

Tor, der du bist! und denkst du den zu halten,
Den alle Götter schützen, leitet ihre Macht?
Was mir bestimmt, ich wills, ich werds erfüllen:
1640   Kein Sterblicher hält Götterwalten auf.

Ihr aber, die ihr rettend mich beschirmt
Durch Wellennacht:
(Er kniet.)
Poseidon, mächt'ger Gott!
Der du die Wasser legtest an die Zügel,
Den Tod mir scheuchtest von dem feuchten Mund.
1645 Zeus, mächtig über Allen, hehr und groß!
Und Liebesgöttin, du, die mich berief,
Den kundlos Neuen, lernend zu belehren
Die Unberichteten was dein Gebot.
Steht ihr mir bei und leitet wie bisher!
(Aufstehend und Schild und Schwert von sich wer-
fend, den Helm noch immer auf dem Haupte.)
1650   Drum keine Waffen! Euer Schutz genügt.
Mit ihm geharnischt, wie mit ehrner Wehr,
Stürz' ich mich kühn in Mitte der Gefahren.
(Schnell den Stab mit dem Schleiertuche aufneh-
mend und die darein geknüpfte Schleife an die Spitze
des Stabes befestigend, indes er das andere Ende mit
der Hand daran festhält.)
Und dieses Tuch, geraubt von heil'ger Stelle,
Schwing' ich als Wimpel in vermeßner Hand.
1655   Es weist den Weg mir durch die Wasserwüste,
Und läßt ein Gott erreichen mich die Küste,
Pflanz' ich, ein Sieger, es auf den erstiegnen Strand.
Erlieg' ich, seis durch Euch! und also fort!
(Das Tuch flaggenartig schwingend.)
Amor und Hymen, ziehet ihr voran,
1660   Ich komm', ich folg', und wäre Tod der Dritte!
(Er eilt fort.)

NAUKLEROS

Er ist von Sinnen! Hörst du nicht? Leander!
(Die Waffen aufnehmend.)
Noch geb' ich ihn nicht auf. Die Freunde samml' ich.
Wir halten ihn, und wär' es mit Gewalt.

Dort schleicht ein Mann, gehüllt in dunkeln Mantel.
1665 Ein Späher jenes Tempels schon vielleicht.

Ich meid' ihn, folge Jenem. O mein Freund!
(Er zieht sich ausweichend nach der entgegengesetzten
          Seite zurück.)

Platz vor Heros Turm wie zu Anfang dieses Aufzuges.

HERO kommt, die Hand auf IANTHENS Schulter gelegt.
          DIENER mit Gefäßen folgen.

HERO
Tragt die Gefäße nur hinauf zu meinem Ohm!
Sagt ihm! — Ihr wißt ja selbst. — Ich bleibe hier.
          (Sie setzt sich.)
War dieser Mann doch, meiner Eltern Bote,
1670 Wie Hoffnung, wie das Glück. Man suchts, es flieht,
Und läßt uns so zurück.

IANTHE
          Du gingst so rasch.

HERO
Nun, ich bin wieder da.

IANTHE
          Willst du nicht lieber
Hinauf in dein Gemach?

HERO
          Nein, nein, nur hier.
Ists noch nicht Abend?

IANTHE
          Kaum.

HERO
(den Kopf in die Hand gestützt)
          Nu, nu! Ei nu!

(Der TEMPELHÜTER kommt von der linken Seite.)

TEMPELHÜTER
1675 So bist du hier? Wir harrten deiner längst.

HERO

Längst also, längst? Ich glaub' ihr spottet mein!
Ging ich nicht unverweilt, den Boten suchend,
Der ewig mir entschwand, jetzt hier nun dort.
Mit Absicht tatet ihrs. Weiß ich warum?

TEMPELHÜTER

1680   Der Bote kam auf andern Wegen her,
Du warst kaum fort. Er ist bei deinem Ohm.

HERO

Und ihr ließt unberichtet mich? Doch immer!
Ein andermal will ich wohl klüger sein.

TEMPELHÜTER

Dein Oheim harrt im Tempel.

HERO

So?
1685   Er wird noch harren, denn ich bleibe hier.

TEMPELHÜTER

Doch er befahl —

HERO

Befahl er dir, so tus!
Ich denke künftig selbst mir zu gebieten.
Geh nur!
                    (zu Ianthen)
        Du immer auch.

IANTHE

Befiehlst du irgend sonst?

HERO

Ich nicht. Und doch! wenns selber dir gefällt.
1690   Geh nur hinauf, bereite mir die Lampe,
Gieß Öl noch zu, genug für viele Zeit.
Und kommt die Nacht. — Allein das tu' ich selbst.
        (Die Beiden gehen.)

HERO

Und kommt die Nacht — Sie bricht ja wirklich ein.
Da ist mein Turm, dort flüstern leise Wellen;
1695 Und gestern war er da, und heut versprach er.
Wars gestern auch? Mich däucht es wär' so lang.
Mein Haupt ist schwer, die wirren Bilder schwimmen.
Des Tages Glut, die Sorge jener Nacht,
Die keine Nacht, ein Tag in Angst und Wachen —
1700 Das liegt wie Blei auf meinem trüben Sinn.
Und doch ein lichter Punkt in all dem Dunkel:
Er kommt. Gewiß? Nur noch dies Eine Mal!
Dann bleibt er fern. — Wer weiß? Auf lange Zeit.
Und spät erst, spät — Ich muß nur wachsam sein!
(Den Kopf in die Hand lehnend.)

(Der PRIESTER kommt mit dem TEMPELHÜTER.)

PRIESTER

1705 So kommt sie nicht?
(Der Tempelhüter zeigt schweigend auf die Ruhende.)

PRIESTER
(zu ihr tretend)
Hero!

HERO
(aufschreckend)
Bist dus, mein Freund?

PRIESTER

Ich bins, und bin dein Freund.

HERO
(aufstehend)
Sei mir gegrüßt!

PRIESTER

Der Bote deiner Eltern weißt du wohl —

HERO

Ich weiß.

PRIESTER

Er brachte Briefe mit, sie liegen
In deinem Turmgemach. Holst du sie nicht?

HERO

1710   Auf Morgen les' ich sie.

PRIESTER
Nicht heut?

HERO
Nicht jetzt.

PRIESTER

Zu wissen wie sie leben, reizt dich nicht?

HERO

Nur kurz ists, daß sie schieden, sie sind wohl.

PRIESTER

Bist du so sicher des?

HERO
Ich bin es, Herr!
Aufs Zeugnis einer seligen Empfindung,
1715   Die mich durchströmt, mein Wesen still verklärt,
Daß Alle, die mir teuer, froh und wohl.

PRIESTER

Wie oft täuscht ein Gefühl!

HERO
Was täuschte nie?
Bleibt mir die Wahl, wähl' ich die süßre Täuschung.

PRIESTER

Wo ist Ianthe?

HERO
Eben ging sie hin.

PRIESTER

1720   Nach den Ereignissen der letzten Zeit,
Kann sie nicht weilen mehr in unserm Hause.

HERO

Ich sagte dir, du tust dem Mädchen Unrecht.

PRIESTER

Doch wie erweisest dus?

HERO

Ich glaub' es so.

PRIESTER

Auf ein Gefühl auch?

HERO

Auch auf ein Gefühl.

PRIESTER

1725 Doch ich will Klarheit, und Ianthe scheide.

HERO

Verzeih! Du weißt, das kann nicht ohne mich,
Die Mädchen sind der Priesterin befohlen,
Und meine Rechte kenn' ich so wie meine —
Ich kenne, Herr, mein Recht.

PRIESTER

Wie meine Pflichten;

1730 Du wolltest sagen so.

HERO

Ich wollte, Herr;
Und sag' es jetzt: auch meine Pflichten kenn' ich,
Wenn Pflicht das alles, was ein ruhig Herz,
Im Einklang mit sich selbst und mit der Welt,
Dem Recht genüber stellt der andern Menschen.

PRIESTER

1735 Dem Recht der Götter nicht?

HERO

Laß uns nicht klügeln!
Gib deinem Bruder und dir selbst sein Teil:
Die Götter sind zu hoch für unsre Rechte.

PRIESTER

Du bist gereift.

HERO

Nun, Herr, die Sonne scheint,
Und auch der Mond läßt wachsen Gras und Kraut.

PRIESTER

1740 Da du so streng ob deinen Rechten hältst,
So muß ich bitten dich, mir zu verzeihn,
Daß ich erbrochen deiner Mutter Schreiben.

HERO

Was mein ist, ist auch dein.

PRIESTER

Ich wollte wohl,
Du läsest diesen Brief, ob einer Warnung
1745 Die er enthält.

HERO

Gewiß, ich werde: Morgen.

PRIESTER

Nein, heut. Wärs nicht zu viel, ich bäte dich,
Ihn jetzt zu holen, gleich.

HERO

Du quälst mich, Ohm.
Allein damit du siehst — Ists noch nicht Abend?

PRIESTER

Beinah.

HERO

Ich hole denn das Schreiben,
(Mit verbindlichem Ausdruck.)
1750 Damit du siehst, wie sehr ich dir zu Dienst.
(Ab in den Turm.)

PRIESTER

Mein Innerstes bewegt sich, schau' ich sie.
So still, so klug, so Ebenmaß in Jedem;

Und immer däucht es mir, ich müßt' ihr sagen:
Blick auf! Das Unheil gähnt, ein Abgrund neben dir!
1755 Und doch ist sie zu sicher und zu fest.
Gönn' ich ihr Zeit, und taucht ihr heller Sinn
Auf aus den Fluten, die ihn jetzt umnachten,
Denkt sie auf Mittel nur ihn zu erretten,
Entzieht den Strafbarn unsrer Schlingen Haft,
1760 Und ist so mehr und sichrer denn verloren.

Zwar, muß sie schuldig sein? Wenn ein Verwegner
Das Unerlaubte tollkühn unternahm —
Seis auch, daß sie berührt nach Jugendart —
Muß im Verständnis sie ihm selbst die Zeichen,
1765 Die Mittel selbst ihm bieten seiner Tat?
(Am Fenster des Turmes erscheint die Lampe.)
Was dort? Die Lampe strahlt. Unselig Mädchen!
Sie leuchtet deiner Strafe, deiner Schuld.

Der TEMPELHÜTER kommt.

TEMPELHÜTER
Siehst du das Licht?
                    PRIESTER
                Ich sehs. Sprachst du die Fischer?

TEMPELHÜTER
Ja Herr. Sie rudern nicht, wie du befahlst,
1770 Heut Nacht ins Meer, das hoch geht ohnehin.

PRIESTER
So besser denn! Du folge nun! Sie kommt.
(Sie entfernen sich nach der linken Seite.)

(HERO kommt zurück mit einer Rolle.)

HERO
Hier ist dein Brief. Nimmst du ihn nicht? — Ei ja! —
Wo ging er mir nur hin? — Er kommt wohl wieder.
(Sie steckt den Brief in den Gürtel.)
Wie schön du brennst, o Lampe, meine Freundin!

G

1775 Noch ists nicht Nacht, und doch geht alles Licht,
Das rings umher die laute Welt erleuchtet,
Von dir aus, dir, du Sonne meiner Nacht.
Wie an der Mutter Brust hängt alles Wesen
An deinem Umkreis, saugend deinen Strahl.

1780   Hier will ich sitzen, will dein Licht bewahren,
Daß es der Wind nicht neidisch mir verlöscht.
Hier ist es kühl, im Turme schwül und schläfrig,
Die dumpfe Luft drückt dort die Augen zu.
Das aber soll nicht sein, es gilt zu wachen.
                    (Sie sitzt.)
1785 Sie haben mich geplagt den langen Tag
Mit Kommen und mit Gehn. Nicht absichtslos!
Allein weshalb? warum? Ich weiß es nicht.
            (Den Kopf in die Hand gesenkt.)
Doch immerhin! Drückt erst nicht mehr die Stirn,
Erkenn' ichs wohl. Und dann — soll auch — wenn
    nur —
                (Emporfahrend.)
1790   Was ist? Wer kommt? — Ich bin allein. Der Wind
    nur
Weht schärfer von der See. — So besser denn,
Treibst du den Holden früher ans Gestade.
Die Lampe brennt noch hell. Pfui, wer wird träumen?
Hellauf und frisch! Der Liebe süße Wacht.
        (Den Kopf wieder in die Hand gestützt.)
1795 Genau besehn, wollt' ich, er käme nicht.
Ihr Argwohn ist geweckt, sie lauern, spähn.
Wenn sie ihn träfen — Mitleidsvolle Götter!
Drum wär' es besser wohl, er käme nicht.
Allein er wünscht's, er flehte, bat. Er wills.
1800 Komm immer denn, du guter Jüngling, komm!
Ich will dich hüten, wie der Jungen Schar
Die Glucke schützt, und Niemand soll dir nahn,
Niemand, als ich allein; und nicht zu schäd'gen;
Bewahr! bewahr! — Ich bin doch müd.

1805 Es schmerzt der Fuß. Löst Niemand mir die Schuh?
     (Sie zieht einen Fuß auf die Ruhebank.)
     Hier drückt es, hier. Hat mich ein Stein verletzt?
     (Auch den zweiten Fuß an sich ziehend, in halblie-
                 gender Stellung.)
     Wie süß, wie wohl! — Komm Wind der Nacht
     Und kühle mir das Aug, die heißen Wangen!
     Kommst du doch übers Meer, von ihm.
1810 Und, o, dein Rauschen und der Blätter Lispeln,
     Wie Worte klingt es mir: von ihm wir, ihm, von ihm.
     Breit aus die Schwingen, hülle sie um mich,
     Um Stirn und Haupt, den Hals, die müden Arme,
     Umfaß, umfang! Ich öffne dir die Brust. —
1815 Und kommt er, sag es an! — Leander — du? —
                 (Pause.)

     Der TEMPELHÜTER kommt lauschend auf den Zehen,
     hinter ihm der PRIESTER, der am Eingange des Turmes
                 stehen bleibt.

                 TEMPELHÜTER
     (sich der Ruhebank nähernd, mit gedämpfter Stimme)
     Hero! — Sie schläft! —

                 PRIESTER
                 Vom Turme strahlt das Licht.
     Der Götter Sturm verlösche deine Flamme.
                 (Er geht in den Turm.)

                 TEMPELHÜTER
     Was sinnt er nur? Mir wird so bang und schwer.
     Wenn ich nicht sprach; und doch, wie konnt' ich
                 anders?
1820 Dort gehen Männer mit des Fischzugs Netzen.
                 (Sich der rechten Seite nähernd.)
     Was schafft ihr dort? Ward euch denn nicht geboten,
     Zu bleiben heute Nacht dem Meere fern
     In eurer Hütten festverschloßnen Räumen?
                 (Zurückkommend.)

Sie meinen, es gibt Sturm. Nun, Götter, waltet!
(Zum Turm emporblickend.)
1825 Die Lampe wird bewegt. Er selbst! — Unselig Mäd-
chen!
Erwacht sie? Nein. So warnet dich kein Traum?
(Hero macht aufatmend eine Bewegung und sinkt
dann tiefer in Schlaf. Das Haupt gleitet aus der
unterstützenden Hand und ruht auf dem Oberarm,
indes der untere Teil schlaff hinabhängt.   Es ist
dunkel geworden.)

TEMPELHÜTER
Mich schaudert. Weh! Hätt' ich mein Oberkleid!

(Der PRIESTER kommt zurück.)

PRIESTER
Wer spricht? Bist dus? — Komm mit, es sinkt die
Nacht,
Und brütet über ungeschehnen Dingen.
(Zu Hero hintretend.)
1830   Nun, Himmlische, nun waltet eures Amts!
Die Schuldigen hält Meer und Schlaf gebunden,
Und so ist eures Priesters Werk vollbracht:
Das Holz geschichtet und das Beil gezückt,
Wend' ich mich ab. Trefft Götter selbst das Opfer.

(Indem er sich zum Fortgehen wendet

FÄLLT DER VORHANG.)

FÜNFTER AUFZUG

Platz vor Heros Turm, wie zum Schluß des vorigen
Aufzuges. Es ist Morgen.

Beim Aufziehen des Vorhanges steht HERO in der
Mitte der Bühne, den herabgesunkenen Kopf in die
Hand gestützt, vor sich hinstarrend. IANTHE kommt.

IANTHE

1835 Stehst du noch immer da, gleich unbewegt,
Und starrst auf Einen Punkt? Komm mit ins Wäld-
chen!
Die Luft hat ausgetobt, die See geht ruhig.
Doch hörtest du den Aufruhr heute Nacht?

HERO

Ob ich gehört?

IANTHE

Du warst so lang hier außen.
1840 Zwar endlich hört' ich Tritte über mir.
Doch leuchtete kein Licht aus deiner Kammer.

HERO

Kein Licht! Kein Licht!

IANTHE

Dich martert ein Geheimnis.
Wenn dus vertrautest, leichter trügest dus.

HERO

Errietst dus etwa schon und frägst mich doch?
1845 Ich sollte wachen hier, doch schlief ich ein.
Es war schon Nacht, da weckte mich der Sturm.
Schwarz hing es um mich her; verlöscht die Lampe.
Mit losgerißnem Haar, vom Wind durchweht,

Flog ich hinan. Kein Licht! nicht Trost und Hilfe,
1850 Lautjammernd, auf den Knien fand mich der Tag. —
Und doch, und dennoch!

IANTHE

Arme Freundin!

HERO

Arm?
Und dennoch! Sieh! die Götter sind so gut!
Ich schlief kaum ein, da löschten sie das Licht.
Beim ersten Strahl des Tags hab' ichs besehn,
1855 Mit heißem, trocknen Aug durchforscht die Lampe:
Kein Hundertteil des Öles war verbrannt,
Der Docht nur kaum geschwärzt. Klar war es, klar:
Kaum schlief ich ein, verlöschte schon das Licht.
Die Götter sind so gut! Geschah es später,
       (von ihr wegtretend, vor sich hin)
1860 So gab der Freund sich hin dem wilden Meer,
Der Sturm ereilte ihn, und er war tot.
So aber blieb er heim, gelockt von keinem Zeichen,
Und ist gerettet, lebt.

IANTHE

Du scheinst so sicher.

HERO

Ich bin es, denn ich bin. Die Götter sind so gut!
1865 Und was wir fehlten, ob wir uns versehn,
Sie löschen es mit feuchtem Finger aus,
Und wehren dem Verderben seine Freude.
Ich aber will so jetzt, als künft'ge Zeit
Auch ihnen kindlich dankbar sein dafür;
1870 Und Manches was nicht recht vielleicht und gut
Und ihnen nicht genehm, es sei verbessert;
Zum mindesten entschieden, denn die Götter,
Sie sind dem festen, dem entschiednen hold.
Nun aber, Mädchen, tritt dort an die Anfurt.
1875 Sieh, ob dein Aug die Küste mir erreicht,

Das sel'ge Jenseits, wo — Schau gen Abydos!
Ich habs aus meinem Turm nur erst versucht,
Doch lagen Nebel drauf. Nun ists wohl hell.
Willst du?
                    (Sie setzt sich.)

IANTHE

(nach dem Hintergrunde gehend)
            Doch sieh! es brach der Sturm den Strauch,
1880 Der dort am Fuße wächst des Turms, und, liegend,
Verwehren seine Zweige mir den Tritt.

HERO

Erheb die Zweige nur! Bist du so träg?

IANTHE

Noch Tropfen hängen dran.
            (Mit dem Fuße am Boden hinstreifend.)
                            Auch Tang und Meergras
Warf aus die See. — Ei, Muscheln, buntes Spielzeug!
1885 Es pflegt der Sturm die Trümmer seines Zorns
Hierher zu streun. — Das Ende eines Tuchs.
Es ist so schwer. Ein Lastendes von rückwärts
Hält es am Boden fest. — Fürwahr ein Schleier!
Fast gleicht es jenen, die du selber trägst,
1890 Zu Schleifen eingebunden beide Enden,
Nach Wimpelart. Sieh zu! vielleicht erkennst dus.
Doch ist es feucht, sonst würf' ich dirs als Ball.

HERO

Laß das Getändel, laß! Erheb die Zweige.

IANTHE

Sie sind so schwer. O weh, mein gutes Kleid!
1895 Nun, denk' ich, halt' ich sie. Ei ja! sie weichen.
Tritt selber nur herzu! Ich halte. Schau!
(Sie hat die auf den Boden herabhängenden Zweige
zusammengefaßt und emporgehoben. Leander liegt
                tot auf der Anfurt.)

HERO

(aufstehend)

Ich komme denn! — Ein Mann! — Leander! — Weh!
(nach vorn zurückeilend)
Betrogne und Betrüger, meine Augen!
Ists wirklich? wahr?

IANTHE

(die mit Mühe über die Zweige nach rückwärts
geblickt)
O mitleidsvolle Götter!

(Der PRIESTER kommt von der rechten Seite.)

PRIESTER

1900   Welch Jammerlaut tönt durch die stille Luft?

HERO

(zu Ianthen)
Laß los die Zweige, laß!
(Ianthe läßt die Zweige fallen, die Leiche ist bedeckt.)

HERO

(dem Priester entgegen, und bemüht ihm die Aus-
sicht nach rückwärts zu benehmen)
Mein Oheim, du? —
So früh im Freien? — Doch der Tag ist schön.
Wir wollten eben Beide — Freudig — froh! —
(Sie sinkt von Ianthen unterstützt zu Boden.)

PRIESTER

Was war? Was ist geschehn?

IANTHE

(mit Hero beschäftigt, nach dem Strauche zeigend)
O Herr! mein Herr!

PRIESTER

1905 Erheb die Zweige! Schnell!
(Es geschieht.)
                    Gerechte Götter!
Ihr nahmt ihn an. Er fiel von eurer Hand!

IANTHE

(noch immer die Zweige haltend)
Erbarmt sich Niemand? Nirgends Beistand, Hilfe?

PRIESTER

Laß dort und komm!
            (indem er sie anfaßt)
            Hörst du? und schweig! Entfällt
Ein einzig Wort von dem was du vernahmst —
        (sich von ihr entfernend, laut)
1910 Ein Fremder ist der Mann, ein Unbekannter,
Den aus das Meer an diese Küste warf,
Und jene Priestrin sank bei seiner Leiche,
Weil es ein Mensch, und weil ein Mensch erblich.

(Der TEMPELHÜTER und mehrere DIENER sind von der
rechten Seite gekommen.)

PRIESTER

Am Strande liegt ein Toter. Geht, erhebt ihn!
1915 Daß seine Freunde kommen und ihn sehn.
        (Diener gehen auf den Strauch zu.)

PRIESTER

Nicht hier. Den Turm herum. Rechts an der
    Anfurt.
(Diener auf der linken Seite ab. In der Folge sieht
man durch die Blätter Anzeichen ihrer Beschäftigung.
Endlich wird der Strauch emporgehoben und befestigt,
wo dann der Platz leer erscheint.)

TEMPELHÜTER
(leise)
So ists denn — ?

PRIESTER

Schweig!

TEMPELHÜTER

Nur, Herr, um dir zu melden:
Der Ältre jener beiden Jünglinge,
Die du wohl kennst; wir fanden ihn am Strand,
1920 Trostlosen Jammers, suchend seinen Freund.
Die Diener halten ihn.

PRIESTER

Führt ihn herbei.
Hat er die Freiheit gleich verwirkt, und mehr,
Seis ihm erlassen, bringt er Jenen heim.
(Tempelhüter nach der rechten Seite ab.)

PRIESTER

(zu Hero, die sich mit Ianthens Hilfe aufgerichtet und
einige Schritte nach vorn gemacht hat)
Hero!

HERO

Wer ruft?

PRIESTER

Ich bins. Du höre mich!

HERO

(scheu nach rückwärts blickend, zu Ianthe)
1925 Wo ist er hin? Ianthe, wo?

IANTHE

O mir!

PRIESTER

Da's nun geschehn.

HERO

Geschehen? Nein!

PRIESTER

Es ist!
Die Götter laut das blut'ge Zeugnis gaben,

Wie sehr sie zürnen, und wie groß dein Fehl;
So laß in Demut uns die Strafe nehmen;
1930 Das Heiligtum, es teile nicht die Makel,
Und ew'ges Schweigen decke was geschehn.

HERO

Verschweigen ich, mein Glück und mein Verderben,
Und frevelnd unter Frevlern mich ergehn?
Ausschreien will ichs durch die weite Welt,
1935 Was ich erlitt, was ich besaß, verloren,
Was mir geschehn, und wie sie mich betrübt.
Verwünschen dich, daß es die Winde hören
Und hin es tragen vor der Götter Thron.
Du warsts, du legtest tückisch ihm das Netz,
1940 Ich zog es zu, und da war er verloren.
Wo brachtet ihr ihn hin? ich will zu ihm!

Der TEMPELHÜTER und mehrere DIENER führen
NAUKLEROS herbei. Der Hüter geht gleich darauf
nach der linken Seite ab.

HERO

Ha du! o Jüngling! Suchst du deinen Freund?
Dort lag er, tot! Sie tragen ihn von dannen.

NAUKLEROS

O Schmerz!

HERO

Ringst du die Hände, da's zu spät?
1945 Du staunst? Du klagst? Ja, läss'ger Freund!
Er gab sich hin dem wildbewegten Meer,
Beschützt von keinem Helfer, keinem Gott,
Und tot fand ich ihn dort am Strande liegen.
Und fragst du wers getan? Sieh! dieser hier,
1950 Und ich, die Priesterin, die Jungfrau — So? —
Menanders Hero, ich, wir Beide tatens.
Mit schlauen Künsten ließ er mich nicht ruhn,
Versagte mir Besinnen und Erholung;
Ich aber trat in Bund mit ihm und schlief.

1955 Da kam der Sturm, die Lampe löscht' er aus,
Das Meer erregt' er wild in seinen Tiefen,
Da Jener schwamm, von keinem Licht geleitet.
Die schwarzen Wolken hingen in die See,
Das Meer erklomm, des Schadens froh, die Wolken,
1960 Die Sterne löschten aus, ringsum die Nacht.
Und Jener dort, der Schwimmer sel'ger Liebe
Nicht Liebe fand er, Mitleid nicht im All.
Die Augen hob er zu den Göttern auf,
Umsonst! Sie hörten nicht, wie? oder schliefen?
1965 Da sank er, sank. Noch einmal ob den Wogen,
Und noch einmal, so stark war seine Glut.
Doch allzumächtig gegen ihn der Bund
Von Feind und Freund, von Hassern und Geliebten.
Das Meer tat auf den Schlund, da war er tot.
1970 O ich will weinen, weinen, mir die Adern öffnen,
Bis Tränen mich und Blut, ein Meer, umgeben;
So tief wie seins, so grauenhaft wie seins,
So tödlich wie das Meer, das ihn verschlungen.

NAUKLEROS
Leander, o, mein mildgesinnter Freund!

HERO
1975 Sag: er war Alles! Was noch übrig blieb,
Es sind nur Schatten; es zerfällt; ein Nichts.
Sein Atem war die Luft, sein Aug die Sonne,
Sein Leib die Kraft der sprossenden Natur,
Sein Leben war das Leben, deines, meins,
1980 Des Weltalls Leben. Als wirs ließen sterben,
Da starben wir mit ihm. Komm, läss'ger Freund,
Komm, laß uns gehn mit unsrer eignen Leiche.
Du hast zwei Kleider und dein Freund hat keins,
Gib mir dein Kleid, wir wollen ihn bestatten.
(Naukleros nimmt seinen Überwurf ab, Ianthe emp-
fängt ihn.)

HERO
1985 Nur einmal noch berühren seinen Leib,
Den edlen Leib, so voll von warmem Leben.

Von seinem Munde saugen Rat und Trost.
Dann — Ja, was dann? — Zu ihm!
(Zum Tempelhüter, der zurückgekommen ist.)
                                    Verweigerst dus?
Ich will zu meinem Freund! Wer hinderts? du?
(Sie macht eine heftige Bewegung, dann sinken Haupt
und Arme kraftlos herab. Ianthe will ihr beistehen.)

HERO

1990 Laß mich! Der Mord ist stark. Und ich hab' ihn
      getötet.
            (Ab nach der linken Seite.)

PRIESTER
(zu Ianthen)
Folg ihr!
            (Ianthe geht.)

PRIESTER
(zu Naukleros)
        Du bleib! Dein Leben ist verwirkt,
Doch schenk' ich dirs, bringst heim du jenen Toten
Und schweigst dein lebenlang. Kamst du allein?

NAUKLEROS
Mir folgten Freunde von der Küste jenseits.

PRIESTER
1995 Halt sie bereit. — Wo brachtet ihr ihn hin?

TEMPELHÜTER
Zum Tempel, Herr.

PRIESTER
        Warum zum Tempel, sprich!

TEMPELHÜTER
So wills der Brauch.

PRIESTER
        Wills so der Brauch, wohlan!
Die Bräuche muß man halten, sie sind gut.
Und nun zu ihr! Entfernt die Störung erst,

2000   Legt mild die Zeit den Balsam auf die Wunde.
  Ja, dies Gefühl, im ersten Keim erstickt,
  Bewahrt vor jedem zweiten die Verlockte,
  Und heilig fürderhin — Komm mit! Ihr folgt!
       (Alle ab.)

Das Innere des Tempels. Der Mittelgrund durch einen
zwischen Säulen herabhängenden Vorhang geschlossen.
Auf der rechten Seite des Vorgrundes eine Bildsäule
 Amors, an deren Arm ein Blumenkranz hängt.

MÄDCHEN kommen mit Zurechtstellen von Opfer-
gefäßen und Abnehmen von Blumengewinden be-
schäftigt. Zwei davon nähern sich dem Vorhange.

IANTHE kommt.

IANTHE

O laßt sie, laßt! Gönnt ihr die kurze Ruh!
2005   Wie mag sie trauern um den Teuern, Guten.
  Sie fand den Ort wo man ihn hingebracht
  Blindfühlend aus, von Niemanden belehrt,
  Und stürzte auf die Knie und weinte laut,
  Mit ihres Atems Wehn, mit ihren Tränen
2010   Zum Leben ihn zu rufen ohne Furcht bemüht.
  Doch als er des nicht achtet, weil er tot,
  Da warf sie sich auf den Erblaßten hin,
  Die teure Brust mit ihrer Brust bedeckend,
  Den Mund auf seinem Mund, die Hand in ihrer.
2015   Seitdem nun ist ihr Klagelaut verstummt,
  Doch, fürcht' ich, sammelt sie nur neue Kraft
  Zu tieferm Jammer. — Nun, ich will auch nimmer
  Ein Lieb mir wünschen, weder jetzt, noch sonst:
  Besitzen ist wohl schön, allein verlieren!

Der PRIESTER kommt mit dem TEMPELHÜTER und
NAUKLEROS, dem mehrere Freunde folgen, von der
    rechten Seite.

PRIESTER

2020 Wo ist sie?

IANTHE

Dort!

PRIESTER

Zieht auf den Vorhang!

IANTHE

Herr — !

PRIESTER

Auf! sag' ich, auf! Und haltet fern das Volk.

Der Vorhang wird aufgezogen, die Cella erscheint, zu
der viele breite Stufen emporführen. LEANDER liegt
querüber auf einem niedern Tragbette. HERO in einiger
Entfernung auf den Stufen, halbliegend auf den rechten
Arm gestützt, wie neugierig nach dem Toten hin-
blickend.

PRIESTER

Hero!

HERO

Wer ruft?

PRIESTER

Ich bins. Komm hier!

HERO

Warum?

(Sie steht auf und tritt zu Füßen der Tragbahre, den
Toten immerfort betrachtend.)

PRIESTER

Genug ward nun geklagt ob jenem Fremden!
Was schaffst du dort?

HERO

Ich sinne, Herr!

PRIESTER

Du sinnst?

HERO

2025 Was nur das Leben sei?
Er war so jugendlich, so schön,
So überströmend von des Daseins Fülle,
Nun liegt er kalt und tot. Ich habs versucht,
Ich legte seine Hand an meine Brust,
2030 Da fühlt' ich Kälte strömen bis zum Sitz des Lebens;
Im starren Auge glühte keine Sehe.
Mich schaudert. Weh!

PRIESTER

                Mein starkes, wackres Mädchen.
So wieder du mein Kind!
                (Zu Naukleros.)
                        Du tritt hinzu!
Erkennst du deinen Freund?

NAUKLEROS

                Er ists, er wars.

PRIESTER

2035 Nun komm!

HERO

        Warum?

PRIESTER

                Sie tragen ihn nun fort.

HERO

    Schon jetzt?

PRIESTER

        So ists.

HERO

        Wohin?

PRIESTER

                Nach seiner Heimat

HERO

    Gebt einen Mantel mir.

PRIESTER

Wozu?

HERO

Ihm folgen.
Ist er gleich tot, so war er doch mein Freund.
Am Strande will ich wohnen wo er ruht.

PRIESTER

2040   Unmöglich! Du bleibst hier!

HERO

Hier?

PRIESTER

Priestrin, hier.

HERO

So laßt an unserm Ufer ihn begraben,
Wo er verblich, wo er, ein Toter, lag,
Am Fuße meines Turms. Und Rosen sollen
Und weiße Lilien, vom Tau befeuchtet,
2045   Aufsprossen wo er liegt.

PRIESTER

Auch das soll nicht.

HERO

Wie? Nicht?

PRIESTER

Es darf nicht sein.

HERO

Es darf nicht?

PRIESTER

(stark)

Nein.

HERO

Nun denn, ich hab' gelernt Gewaltigem mich fügen!
Die Götter wolltens nicht, da rächten sies.
Nehmt ihn denn hin. Leb wohl, du schöner Jüngling!

H

2050 Ich möchte gern noch fassen deine Rechte,
Doch wag' ichs nicht, du bist so eiseskalt.
Als Zeichen nur, als Pfand beim letzten Scheiden
Nimm diesen Kranz, den Gürtel lös' ich ab,
Und leg' ihn dir ins Grab. Du schönes Bild,
2055 All was ich war, was ich besaß, du hast es,
Nimm auch das Zeichen, da das Wesen dein.
Und so geschmückt, leb wohl!
                    (Einige nähern sich der Leiche.)

                    HERO
                         Und dennoch, halt!
Seid ihr so rasch? — Und dennoch, dennoch, nicht!
                    (Zur Bahre tretend.)
Nie wieder dich zu sehn, im Leben nie!
2060 Der du einhergingst im Gewand der Nacht
Und Licht mir strahltest in die dunkle Seele,
Aufblühen machtest all was hold und gut;
Du fort von hier an einsam dunkeln Ort,
Und nimmer sieht mein lechzend Aug dich wieder.
2065 Der Tag wird kommen und die stille Nacht,
Der Lenz, der Herbst, des langen Sommers Freuden,
Du aber nie. Leander, hörst du? nie!
Nie, nimmer, nimmer, nie!
(Sich an der Bahre niederwerfend und das Haupt in
                    die Kissen verbergend.)

                    NAUKLEROS
Hab Mitleid, Herr!
                    PRIESTER
                    Ich habe Mitleid,
2070 Deshalb errett' ich sie.
                    (Zu Hero tretend.)
                    Es ist genug.

                    HERO
            (mit Beistand sich aufrichtend)
                         Genug?
Meinst du? genug! — Was aber soll ich tun?
Er bleibt nicht hier, ich soll nicht mit.

Ich will mit meiner Göttin mich beraten.
Ianthe, leite mich zu ihrem Thron.
2075   So lang berührt ihn nicht.
                    (Zu Naukleros.)
                         Versprich es mir!
Gib mir die Hand darauf. — Ha, zuckst du?   Gelt!
Das tat mir der, dein Freund! — Du bist so warm.
Wie wohl, wie gut! — Zu leben ist doch süß! —
Nun aber laß! — Wer wärmt mir meine Hand?
2080   Ianthe komm! — Doch erst zieh mir den Schleier
Hinweg vom Aug!

INDENT   IANTHE
Kein Schleier deckt dein Haupt.

INDENT   HERO
Ja so! — Komm denn! — Und ihr berührt ihn nicht!

INDENT   IANTHE
(die Heron angefaßt hat, zum Priester)
O Herr, der Frost des Todes ist mit ihr!

INDENT   PRIESTER
Ob Tod, ob Leben, weiß der Arzt allein.

INDENT   IANTHE
(Heron leitend)
2085   Sieh hier! — Heb nur den Fuß! — Du wankst. Nur
hier!
(Hero besteigt von Ianthen geführt, die Stufen. Ein
Teil der Jungfrauen folgt ihr, sich in einer herablauf-
enden Reihe auf der rechten Seite aufstellend, die
übrigen treten unten auf die linke Seite, so daß die
Tragbahre von ihnen verdeckt wird.)

INDENT   PRIESTER
(halblaut)
Ihr bringt indes ihn fort.

NAUKLEROS

Bedenk!

PRIESTER

Es muß!
Kehrt sie zurück, sei jede Spur verschwunden.
Dein Leben gilts.

NAUKLEROS

Wohlan!
(Seine Begleiter gehen von hinten herum und fassen
die Tragbahre.)

HERO

(die von Ianthen unterstützt, bereits die obern Stufen
erstiegen, ruft in demselben Augenblicke, das Gesicht
noch immer gegen die Cella gerichtet)
Leander!
(Rasch umgewendet, Haupt und Arme in die Luft
geworfen.)
Leander!

IANTHE

(sie umfassend zu den Trägern)
Halt!

PRIESTER

Nur fort!

IANTHE

Sie gleitet, sinkt!
2090   Setzt ab! in Doppelschlägen pocht ihr Herz!

PRIESTER

Des Herzens Schlag ist Leben, Doppelschlag
Verdoppelt Leben denn. Ihr tragt ihn fort!
Der ist kein Arzt, der Krankendrohung scheut.
(Man hat die Leiche zu der links gegen den Hinter-
grund befindlichen Pforte hinausgetragen. Der Priester
folgt.)

IANTHE
(bei Hero auf den Stufen knieend)
Ist hier nicht Hilfe, Rettung? Sie vergeht.
(Den Trägern nachsehend.)
2095 Schon nimmt sie auf die Wölbung. Die sein warten,
Von Jenseits kommen sie. Gedränge, Fackelglanz.
Die äußre Pforte tut sich auf. Weh uns
Sie donnert zu. Der Gang hüllt sich in Dunkel.
Sie haben, halten ihn. Er kommt nicht wieder.
(Hero, die bisher halb sitzend an Ianthes Knie
gelehnt, gleitet jetzt herab und liegt auf den Stufen.)

IANTHE
2100 Hero! O mir! Wer steht der Ärmsten bei?

PRIESTER
(zurückkommend)
Sie führen ihn mit sich, sie rudern fort.
Bald trennt das Meer die unheilvoll Vereinten.

IANTHE
(nach einer Pause aufstehend und herabkommend)
Es braucht kein Meer, der Tod hat gleiche Macht,
Zu trennen, zu vereinen. Komm und schau.
2105 So sehn die Toten aus in diesen Landen.

PRIESTER
Spricht das der Wahnsinn?

IANTHE
Nein, er hörts.
Vorsicht'ger Tor, sieh deiner Klugheit Werke!

PRIESTER
Und gälts ihr Leben! Gäb' ich doch auch meins,
Um Unrecht abzuhalten. Doch es ist nicht.
(Er eilt die Stufen hinauf, vor der Hingesunkenen
knieend.)

IANTHE

2110 Heißt nur die Männer, die den Jüngling tragen,
Drauß harren, es bedarf noch ihres Amts.
Zwei Leichen und Ein Grab. O gönnt es ihnen!
(Zum Priester, der die Stufen herabkommt.)
Nun, Mann, du gehst? So gibst du sie denn auf?
Bleib! Eine Dienerin begehrt der Freiheit,
2115 Ich kehre heim zu meiner Eltern Herd.
(Der Priester geht, sich verhüllend, ab.)
Du gehst und schweigst? Sei Strafe dir dies Schweigen!

Ihr sorgt für sie, wie sonst ich selbst getan.
Mich duldets länger nicht in eurem Hause.
(Sie nimmt den Kranz von Amors Bildsäule.)
Hier diesen Kranz tragt mit der Bleichen fort.
(Den Kranz nach der um Hero beschäftigten Gruppe
hinwerfend, gegen die Bildsäule sprechend.)
2120 Versprichst du viel, und hältst du also Wort?

DER VORHANG FÄLLT

ENDE

List of Abbreviations and Selection of Authors referred to in the Introduction and Notes

B.: Briefe und Dokumente in *Wke*, Sec. iii, Vols. 1 ff., numbered serially.

Backmann: *Wke*, i, 4 (Des Meeres und der Liebe Wellen, Einführung, Text, Anmerkungen). See p. 245 f. for further literature.

Cotta¹: Grillparzers Sämmtliche Werke, hrsg. v. J. Weilen und H. Laube; 1. Cotta'sche Ausg., Stuttg. 1872.

Cottaᵛ: Grillparzers Sämtliche Werke, hrsg. u. m. Einltgn. versehen v. August Sauer; 5. Cotta'sche Ausg. in 20 Bdn. m. 2 Ergänzungsbdn., Stuttg. und Berlin 1891.

G.: Gedichte in *Wke*, Sec. i, Vols. 10-12; poems numbered serially.

Gross, E.: Grillparzers Verhältnis zu Shakespeare, Shakespeare Jahrbuch li (1915).

Hock, St.: Grillparzers Werke in 16 Teilen, Bong (Goldene Klassiker), Berlin, n.d.

Jb.: Jahrbuch der Grillparzer-Gesellschaft, Vienna 1891 ff.

Jellinek, M. H.: Die Sage von Hero und Leander in der Dichtung, Berlin 1890.

Kind, J. L.: Des Meeres und der Liebe Wellen, edited with notes, etc., New York (O.U.P.) 1916.

Knaack, G.: Hero und Leander (in Festgabe für Franz Susemihl), Leipzig 1898.

Laube, H.: s. *Cotta¹*.

Marlowe, C.: Hero and Leander *in* Marlowe's Poems, ed. by L. C. Martin, London 1931.

Mell, M.: Versuch über das Lebensgefühl in Grillparzers Dramen, in *Jb.* xviii.

Musaeus: Hero and Leander; quotations in English from Fawkes' translation; in German, cf. *Passow*.

Ovid: Heroides xvi, xvii.

Passow, Fr.: Musaeus, Urschrift, Übersetzung, Einführung u. Anmerkungen, Leipzig, 1810.

Reich, *E.*: Grillparzers dramatisches Werk, Vienna 1938[4].

Scherer, *W.*: Vorträge und Aufsätze, etc., Berlin 1874.

T.: Tagebücher und Literarische Skizzenhefte, in *Wke*, Sec. ii, Vol. 7 ff.; entries numbered serially.

Wke.: Franz Grillparzer, Sämtliche Werke, hrsg. im Auftrage der Stadt Wien von August Sauer/Reinhold Backmann (Hist. and Crit. Edit.), Vienna 1908 ff. (See Sec. 1, Vol. 19, 'Apparat zur *Hero*.')

Wedel-Parlow, *L. v.*: Grillparzer, Wertheim a/M. 1932.

NOTES

ACT I

Stage-Dir. The setting of Act I reproduces that in the *Ion* of Euripides, with reminiscences of Goethe's *Iphigenie* (Hain vor Dianens Tempel) and *Tasso* (Bildsäulen links und rechts).

The Temple of Aphrodite (-Urania, the *heavenly* Aphrodite, goddess of spiritual love) occupies a central position within extensive grounds, roughly semi-circular in plan and surrounded along the diameter of the semi-circle by the sea (Hellespont= Dardanelles) and round the circumference by a 'line-grove' with fence or hedge. The immediate precincts of the temple are bounded by the 'peristyle' or colonnade, the middle two pillars representing the gateway-approach to the temple steps. In front of these pillars to left and right are situated the two statues of Hymen (god of marriage) and Amor (god of love), which Hero (in 33-43) adorns with wreaths, while dissociating herself from their service (cf. n. to 33 f.).

5-11. This balanced period reflects Hero's deeply contented mood.

5 ff. die unbemerkten Tage does *not* mean (cf. Backmann) that they are unheeded by Hero, but in her opinion by ordinary people, who, having no aim and object in life (Richt und Ziel), trample their days 'like meadow flowers' regardlessly underfoot; Hero dedicates her days to the service of the goddess (dem Dienst der hohen Himmlischen), weaving them into a complete wreath for her glory. Hero's implied stricture upon those who wend their way purposelessly through life is characteristic of Grillparzer, the apostle of Sammlung—or more objectively and precisely: it is characteristic of one who like Hero has little or no experience of what effort and sacrifice the actual fulfilment in trying circumstances of this demand for self-dedication can exact. Hero's attitude is one of naïve self-satisfaction and prompts thus early in us a reaction in 'tragic irony'.

16. The sun has arisen from behind the 'sky-line' (Zinnen) of Sestos, or more probably and symbolically distant Abydos; cf. 1440, which suggests that Abydos lies to the east.

17. Hero asks the sun god, Phoebus Apollo, whether he perchance regards her as already an associate of the gods.

19. Hero has spent seven years in the temple, cf. 921; Euripides' Ion grew up similarly in the Temple of Apollo.

20 ff. Hero claims that in becoming a priestess she (whose forefathers 'have provided priests for the exalted sanctuary since ancestral times') of her own choice assumes a family prerogative. Musaeus' Hero is of 'divine descent' (l. 30).

29. She is thinking that she will not look unbecoming when adorned with the priestess's headdress (Kopfbinde, S-D. after 481) and wreath (cf. 914, 2053 f.), but checks the thought.

33 ff. The statues of Amor and Hymen, representing earthly love, stand outside the temple forecourt—and Hero's experience —yet near at hand; there is dramatic irony in her (conscious) desire to keep them at a distance.

49. kundbar=obvious.

50. erglühend=enangered, offended.

54. an ironical taunt, because Hero is tidying up (cf. S-D.) after Ianthe and the others, now returning from a truant excursion.

62. A classical phrase, befitting to Hero's (assumed) dignity; she seeks to be different from the rest.

66. If this is true and Hero sulks, she is in the same condition as Leander. Cf. n. to 458.

68. leicht=vielleicht. Cf. 571.

71 f. Cf. 114 f. This motive derives from Musaeus l. 33 ff.

79. gingst du und sahst (du) . . . A vivid use (cf. hist. pres.) of the past indic. for the past-perf. cond.; not *you went* . . ., but '*went you* . . .' (if you had gone), i.e. 'wenn du mit uns gegangen wärst und gesehen hättest . . .'

80. Ianthe and the others have been ogling Leander and Naukleros (strangers among the other youths) through the bars of the main gate leading to the city of Sestos.

81. blinzeltest='you would have peered'. Of course, Ianthe does not really think that Hero would have behaved so; this is just her way of teasing Hero and 'shocking' her.

84. Leichtfertigem (dat.)=wantonness.

86. Hero is *not* lacking in self-reliance (cf. Kind); she would scorn to carry out her threat. Her uncle is mentioned here because we must be warned of his approach ('anticipatory allusion') and know him (exposition).

94. Hero was on the point of referring to her office as priestess in its *renunciatory* aspect—a significant lapse—but stops herself;

she betrays incidentally that her uncle exerts some moral coercion over her.

97. frevle=impious.

103. Cf. n. to 86.

104. ihr is dat. sing. and refers to Ianthe. verdient, adj., *sc.* wäre.

108. Ich bitte! Hero firmly insists; cf. n. to 86.

120. noch so leicht=noch einmal so leicht. The priest is hinting, quite obscurely for Hero, at the need for her to seek spiritual communion with the goddess.

135. Kosen=Plaudern (causer).

136. gefasst=verstanden.

140/4. der Unverständ'ge is not an allusion to Ianthe in particular, though Hero does think of herself as verständig— this is her *hybris* or 'quality predisposing to tragedy', cf. n. to 5 ff. and 33 f. The 'quibble' (Shakespearean tradition) in these lines might be explained as follows: the priest has just warned Hero that she may not always be so self-sufficient; she rejoins that if stupid people insist on persisting (in their stupidity), why should sensible people be expected to persist less (in their good sense).

143. den Tor *metri gratia*=den Toren.

148. Wo—(154) mein Wesen sich hin(dan)gibt und [sich selbst] besitzt. With regard to the simile in parenthesis (Grillparzer was fond of swimming), it may be questioned whether Hero would be likely to use it, especially in view of 159 f.

161. diese [Stand-]Bilder, diese Säulengänge. As in 157, der Göttin Fußgestell (pedestal), the images of Amor and Hymen, like the columns of the 'peristyle', are alluded to by Hero as *dead* things, cf. 164!

166. Ein Billiger=a justminded person.

173 ff. Cf. n. to 20 ff.

179. zu segensreichem Frommen, cf. the phrase zu Nutz und Frommen 'for the advantage of'.

184/7. This amounts to an admission by Hero that she is unfitted for the vocation of priestess; but she is content and proud to be as she is.

196. An deine Eltern. Another anticipatory allusion: Hero's parents are waiting without.

209. hielt ich gut [stand].

221. Um die Weihe dieser Nacht nicht zu stören.

225. tiefer, adv.

226 ff. Hero has not seen her parents for seven years, cf.
230 and 921. It seems strange in view of her regard for her
mother, that she should notice her father first; though it is
significant—and symbolical of her true nature—that she should
ignore his insincere greeting (like his whole *prepared* speech)
and fly into her mother's arms.

239. Cf. n. to 221, mit dem das Vertraun unsrer Stadt mich
bekleidet.

247. Erfreuten Sinns = 'Glad to'. (He means she was glad to
get the chance!)

252. Hero's mother is silent partly because she is so full of
emotion; but the father would never suspect that. What he
does suspect, with some justification, is that she will seek to
influence Hero to renounce her project. Reich and Kind think
that the mother is merely intimidated, but this is not borne out
by what is alleged of her volubility at home.

265. Was schafft ihr da? This is addressed to Hero and her
mother; the father fears the latter's unsettling influence on Hero
(cf. prev. n. and 270, etc.).

266 ff. The dove is a symbol of sensual love (Aphrodite-
Pandemos) and as such is not tolerated in the grove of Aphrodite-
Urania. Cf. n. to 363 ff. The symbolical scene with the doves
suggests the scene in the *Ion* of Euripides, where the birds that
are building their nest in the façade of the temple are frightened
away by Ion, because he does not wish to kill them (Scherer).

274. wild = wilful.

288. niedre Hütte, 'lowly and humble abode' (cf. 371); not
to be taken literally but only relatively (cf. 291), as compared
with the temple as a setting.

295. dehnt sich breit, 'spreads himself'; this expression
betrays Hero's real feelings towards her brother.

303. Wagnis, fem. archaic.

322. hüten (sich vor etwas hüten), be wary of, avoid.

327. The action in the background is closely symbolical
of that in the foreground; cf. 339 ff. This application of the
motive from Euripides (cf. n. to 266 ff.) is of Grillparzer's
invention.

328. fromm, good, not 'pious'.

329. The mother perceives that the uncle's influence is born
of selfishness and vanity too.

333. Frau = Herrin.

336 f. Hero's over-emphasis is symptomatic of her true psychological condition.

363 ff. The cult of Aphrodite originated among the Phoenicians, who called her Astarte, the sun goddess, the queen of heaven. The Greeks had various conceptions of Aphrodite, the two most important ones in later mythology being: Aphrodite-Urania, the heavenly Aphrodite, the goddess of pure, spiritual love, as opposed to Aphrodite-Pandemos, the goddess of earthly (animal) passion. Aphrodite-Urania was worshipped at various places, but not at Sestos. Grillparzer selected this conception of Aphrodite, however, in order to explain the enforced celibacy of the priestess (Kind, Hock).

383 f. 'Der Durchbruch der inneren Wesenart Heros kann sich nicht deutlicher vorbereiten, als daß sie der Mutter verständnisvoll zuzustimmen beginnt' (Backmann).

386. This refers to the removal of the nest from the temple precincts.

393. drum sei nicht neidisch! Hero is so complacent in her (present) self-sufficiency that she imagines, or pretends she imagines, her mother to be envious of her, and that this is the secret cause of her mother's desire to persuade her to leave the temple.

395 ff. Heut stolz im Siegerschritt . . . Hero is not uninfluenced by vanity, cf. nn. to 5 ff., 29, etc.

396. Einförmig still . . . cf. (392) das Glück des stillen Selbstbesitzes: Hero does not believe that this 'tranquil' condition could ever become empty and monotonous for her.

399. Her ability to lift and carry her mother is stressed with a view to bringing out her potential maturity and robustness and animal high spirits.

401 f. Hero's haste to precipitate a decision may indicate her own subconscious misgivings.

403 ff. Cf. n. to 395 ff.

406. Hero's father is anxious to take advantage of Hero's own desire for haste, because he fears a change of mind; cf. n. to 265.

409 ff. The priest, having just declared against needless haste, reveals in these lines his true nature, that of a stern mentor and exacting moralist, when he recollects on second thoughts (zugleich bedenk' ich wirklich) his attitude to the doctrine of free-will. He declares that the end (der Abschluss), after all, of all earthly vacillation (von jedem irdisch wankem, wirrem Tun),

is 'salutarily firm compulsion' (heilsam feste Nötigung), i.e. is
predetermined. The meaning of 414 is that he considers free-
will to be a delusion cherished by weak minds. His insistence
upon truthfulness in 416, so far from being strictly relevant here,
reminds us rather of Grillparzer's own attitude towards this
admonition ('Weh dem, der lügt'), acquired in childhood from
his rigorous father.

426 f.   Gönn ... erweckt (sc. haben). Perhaps the priest,
who has chiefly influenced Hero's choice, will feel his brother's
devout thanksgiving reflect upon himself!

437 f.   Anticipatory allusions to the arrival of Naukleros (note
his self-assertive manner) and Leander are in 79 f. and 420 f.

443.   It is significant that Naukleros, like Otto von Meran
in the *Treuer Diener*, should thus be stated as lacking in pro-
priety and self-conduct; both are modelled on Maler Daffinger,
whose Sittsamkeit was non-existent.

458.   Cf. 465, 470.   Leander's Trübsinn is a condition of
torpor and depression like Romeo's, prior to the vitalizing
experience of love; cf. *Romeo and Juliet*, Act I, Sc. i: 'Love is a
smoke raised with the fume of sighs;/Being purged, a fire spark-
ling in lovers' eyes.'   Grillparzer made use of this motive
from Shakespeare (as confirmed by his own experience)
repeatedly; cf. n. to 1592 ff. and Intro., p. xxx.   Cf. also n. to
66 above.

472.   Das, cf. 598, with derogatory implication.

480.   This familiar motive of touching the hem of a saint's
or a revered person's garment probably finds its way into
Grillparzer's work either through *Romeo and Juliet*, I, v, where
Romeo seeing Juliet declares: 'I'll watch her place of stand,/And,
touching hers, make blessed my rude hand'; or else through
Marlowe, I, 343 f., where Hero admonishes Leander in these
words: 'Gentle youth, forbear/To touch the sacred garments
which I wear.'

481/S-D.   Hero mit Mantel und Kopfbinde, the regalia of
the priestess, cf. n. to 29.

482 ff.   The chant (cf. Goethe's *Faust I*) and responses are
reminiscent of the Roman Catholic liturgy.

491 f.   We are to suppose that with these words Hero's con-
secration as priestess to Aphrodite is completed.   At 494 the
procession moves forward from the temple forecourt to perform
the negative side of Hero's oath of celibacy.   Now Hero sees

Leander (when Naukleros calls out his name) and is immediately stricken even before their eyes meet.

495. The god of love is exhorted to withhold from the priestess his gift; she pleads that what love she has may be taken away!

500. A different meaning to that of 495 is conveyed when Hero mistakenly and confusedly repeats these words at Hymen's statue, while gazing as if rapt into Leander's eyes (cf. 644 f.). On the use of this motive of love at first sight in Marlowe, I, 160/76, cf. Intro., p. xxxiv f.

501. Zum Opfer! The priest commands Hero to pour incense on the flame at Hymen's altar! There is further irony and symbolism in the manner in which Hero responds.

502/S-D. Hero's naïve feint, when she pretends there is something wrong with her shoe, derives from Marlowe, II, 4/12.

Act II

The scene is near the temple, whence Leander and Naukleros approach from the left; further along the line-grove to the right is situated the sacred well or spring (as in the *Ion* of Euripides). Just as Act I was devoted mainly to the exposition of Hero's, so is this Act to that of Leander's, character and circumstances; Act III will unite them.

505 ff. Naukleros, 'in punishment for some unknown offence', has applied himself to the task of dispelling Leander's melancholy; we are inevitably reminded of Benvolio's and Mercutio's relation to Romeo. The latter's 'black and portentous humour' is explained by his words in Act I, sc. i, quoted in n. to 458 above. Leander is suffering from the same cause, but does not know it (cf. nn. to 66, 458, 1592 ff.).

But this suggestion for the derivation of Naukleros's role is insufficient, even though Benvolio and Mercutio would naturally occur to the poet, casting about in his mind for the kind o character who would serve as a foil for his Leander.

Naukleros is indeed portrayed in such a way as to render it virtually certain that he is drawn from real life; 'astounding parallels' (Backmann, Jb. xxxi, 35) seem to establish his kinship with Daffinger, whose relations to Grillparzer himself were the same as those of Naukleros to Leander (see n. to 541 and Intro., p. xix).

506. derzeit=zur Zeit, at present, 'to date'.

513.   leid'gen=leidvollen.

516.   Grillparzer is doubtless thinking of the loss of his own mother, who in a delirious condition during an illness attendant upon the change of life committed suicide in the year 1818. As with Leander this had been for him a contributary cause of deep mental depression.

522.   'To be like your fellows.'

524.   braunes Haar. Since Grillparzer clearly had himself in mind when depicting Leander, Backmann suggests (Intro. p. vi) that his hair was of the same colour (light brown). But cf. 581 and n. thereto (dark brown).

533.   These words together with those in 528 are Leander's first. With regard to the nature of Leander's 'illness' cf. n. to 458 and 657 ff. Not only is this reminiscent of Romeo in his unrequited passion for Rosaline; Grillparzer wrote the following note at an early stage of his work upon this tragedy: 'In Leander nimmt sein Zustand die Gestalt eines Körperschmerzes, einer Krankheit an (Erinnere dich des eignen Zustands im Verhältniß zu Theresen).' (Backmann, Intro., p. viii.)

541. der Fische Neid im Schwimmen, perhaps because, as Grillparzer reports of himself, Leander could also swim upon his back, a feat calculated to make the fish pale with envy. Leander's performance in swimming across the Hellespont is prepared here; his prowess at swimming and rowing (cf. 557 ff.) recall the circumstance alluded to by Backmann in Jb. xxxi, 35: 'Grillparzer war recht eigentlich menschenscheu geworden und suchte Erlösung in körperlichen Abmattungen (Leanders Rudern!). Es war wohl schwer, ihn zum unbefangenen Genuß des Daseins ... zurückzuführen. Und vielleicht war es Daffinger, der ihm diesen Liebesdienst, ähnlich wie Naukleros ihn von Fest zu Fest schleifend, zu erweisen versuchte.' Cf. n. to 505 ff.

542/50.   das Antlitz über dir ... Grillparzer was wont to gaze heavenwards in this visionary manner, as is again evidenced in the famous passage on Sammlung in Act III, 958/68. Cf. also the poem *Jugenderinnerungen im Grüßen*, str. 2/5.

556.   Leicht findet sich ein Kahn. This belongs to the exposition and prepares us for the knowledge that Abydos is situated on the other side of the Hellespont.

564.   frägt=fragt, cf. also 1376, 1426, 1844, but not 1949.

569.   fahen=fangen. Cf. 804.

571.   [viel]leicht, cf. n. to 68.

576. Den Kerkern einzuwohnen (arch.)=in den Kerkern zu wohnen.

580. braun, not Leander's hair (cf. 524) this time, but his skin; cf. 592, 'die Inderfarbe die ihn bräunt'. Cf. next note.

581. Die finstern Locken ringeln [sich] . . . This like the foregoing and following features of Leander's outward appearance are borrowed from Daffinger; the effect is to disguise at first sight the fact that Leander and the poet are akin (cf. n. to 524). Naukleros-Daffinger also is represented as fair and taller (cf. 469, 591, 594), being thus correspondingly disguised. This is almost a conventional routine procedure in poetic 'confession', as Grillparzer observed in a note on Petrarch (T.902) and practised e.g. in the poems *Huldigungen* (G.169), where he endows Marie von Smolenitz (who was dark) with fair hair and blue eyes (?).

586/8. Cf. Marlowe, I, 88 f.: 'Leander, thou art made for amorous play:/Why art thou not in love, and lov'd of all?'

606 ff. Cf. Musaeus, 42 ff. and Marlowe, I, 91 ff., where the celebration of the temple holy-day is described in similar terms. If Musaeus thus provides the setting, and Mercutio in *Romeo and Juliet* a precedent for Naukleros's bearing (Backmann), Daffinger in reality lived the part; cf. n. to 505 ff. and Intro., p.xix.

621/36. It is a mistake to regard this passage as intended to afford a 'moving' poetic description of a form more suited to plastic representation, as Franz and Backmann, among others, seem to do. Grillparzer was not attempting to put into practice the teaching of Lessing's *Laokoon*, xxi, though he may have had in mind the passage in *Emilia Galotti*, I, 4, where Maler Conti says: 'eine der größten Glückseligkeiten meines Lebens ist es, daß Emilia Galotti mir gesessen. Dieser Kopf, dieses Antlitz, diese Stirne, diese Augen, diese Nase, dieser Mund, dieses Kinn, dieser Hals, diese Brust, dieser Wuchs, dieser ganze Bau sind von der Zeit an mein einziges Studium der weiblichen Schönheit'—because this is in the same vein, that of an artist and connoisseur 'itemizing' a sitter, as was undoubtedly characteristic of Maler Daffinger. It must be emphasized that the poet's intention in this passage is satirical, as is particularly apparent in 621 'prangend Weib!', 630 [arrogant], 634 [in questionable taste]; but cf. e.g. Wedel-Parlow's misinterpretation, p. 109, where he criticizes 633 f. as an 'impossible catachresis'! In 654 f. we note Leander-Grillparzer's resentment of Naukleros-Daffinger's immodest and disrespectful attitude and tone.

I

650. Gelt, interjection to emphasize the question: lächelst [du] doch? und schmeichel[s]t dir, du Schlucker (rascal).

657 ff. Cf. n. to 533.

681 f. Leander is represented as a true victim of the love-passion. Even if he were temperamentally a 'friedfertiger Gesell' (679), he will soon behave in a manner recalling Marlowe's saying, II, 146: 'What is it now but mad Leander dares?' (cf. n. to 1592 ff.).

707 ff. Cf. 726 f., 1043 f., and 1414 f. The song of Leda and the Swan, derived from the legend of Zeus' love for the Spartan queen Leda, whom he visited in the guise of a swan (of their union were born Helen, Castor, and Pollux), occurs in Grillparzer's *Psyche* fragment (1811), where it is similarly used to betray the heroine's subconscious preoccupation with thoughts of love. Cf. Gretchen's singing of 'Der König in Thule' in Goethe's *Faust I*.

712 f. It has been suggested that these lines together with 717/9 are a kind of self-reproach on the part of the poet for his indecision in his love for Kathi Fröhlich. But that was indecision of the opposite kind, namely to sunder relations. It is sufficient here to point out that these expressions are characteristic of Naukleros-Daffinger, in his boastful capacity as a forthright 'Schurzjäger'. Cf. n. to 505 ff.

726/9. Cf. n. to 707 ff. In the *Psyche* fragment lines 29-31 read as follows: 'Wie doch dies Lied, das ich kaum halb begreife,/ Das Innerste des Herzens mir bewegt!/ Der Vater meint, ich soll es nicht mehr singen, . . .'

738. Bewußtsein, das Bewußtsein einer bösen Tat; earlier reading: Des Fehls Bewußtsein.

743 f. Cf. 822 f. Apollo is also the god of medicine.

788. For this vivid use of the past. indic. for the past-perf. subj. cf. n. to 79; it is singularly apposite here because of the implications of Hero's admission; cf. also 622, 793, 1129 f.

818 f. This is one of the most memorable of those scenes of 'figurative plasticity' which distinguish this work. The symbolical meaning of this action is apparent. Incidentally Hero's allegiance has already shifted, and she unhesitatingly practises deception towards her uncle.

836 f. A metaphor of the shadow-foreshortening at noon-day.

846 ff. Characteristic of Naukleros's insolence; the epithet in 847 (frommes) echoes that in 843 with scornful intonation; 848,

nachstellen=persecute. Naukleros's motive for these pert replies is of course to divert the priest's anger from Leander and Hero towards himself.

852. Laß nur! addressed to Hero.

854. These words as evidence of the priest's own unremitting activity prepare us for his attitude in Act IV, particularly 1447 f. (Backmann).

870. The cult of Aphrodite originated in Asia; not in India, however, but among the Phoenicians (Kind). Cf. n. to 363 ff.

874. Genügsam, 'easily satisfied'. Leander's readiness to depart deceives Naukleros, who does not realize what transmutation in Leander's bearing has come about; Naukleros is no longer the 'leader'.

881. Fürwahr!=You don't say!

886. Eins (fam.)=einer.

888. Das Beispiel lehrts=Save the mark! So far from proving to be of 'chilly' temperament, Leander (like Grillparzer) is endowed with great 'Leidenschaftlichkeit der Liebe'.

889. Prepares us for Act III, creating suspense.

ACT III

After the raising of the curtain, the scene remains dark until (as the S-D., syntactically revised, might read) 'ein Diener kommt, der hoch in der Hand eine Lampe trägt, sie auf den Kandelaber stellt und dann geht'. This procedure, taken in conjunction with the fact that Hero's abode in the tower is revealed to her for the first time (so that we too, being simultaneously informed about it, sense its strangeness and share Hero's forebodings to the full), is evidence of Grillparzer's masterly stagecraft.

909 f. The Rollen are scrolls, the books of antiquity; contrasting with them are the waxed tablets and stylus to record (haltend=festhaltend) the priestess's thoughts.

911 f. Cf. 1049 ff. and n. to 1049.

914 f. Kranz, cf. nn. to 29 and 2053.

919 ff. The natural way in which we learn these circumstances and expository details adds enormously to our appreciation of them.

935/7. Cf. Goethe's saying in *Faust II*, ll. 6272/4:
Das Schaudern ist der Menschheit bestes Teil;
Wie auch die Welt ihm das Gefühl verteure.
Ergriffen, fühlt er tief das Ungeheure.

942 f. Hero's metaphor is borrowed significantly from the sea, though the last line recalls rather the disturbance caused by a stone falling into still water.

945 ff. For the priest, as for Grillparzer (cf. further his poem *An die Sammlung*, then *Esther* 714 f., *Melusina* 411 ff.), the word Sammlung, 'composure', not understood by Hero (cf. n. to 6 f.) except in its usual connotation (cf. 944), has a special significance. It is practically synonymous with Ganzheit, 'complete self-dedication' in 983, with Begeisterung (cf. *Rede an Beethovens Grab* and T.3406), also with *solitude* as taught by Rousseau, whom Grillparzer quotes in his diary as follows (T.1057): 'Je ne suis à moi que quand je suis seul: hors de-là je suis le jouet de tous ceux qui m'entourent'. It is precisely this opposite condition which the poet fears most as a distraction (Zerstreuung, 954) from purposive creative activity. J. W. N. Sullivan in his book on *Beethoven*, London 1931, p. 183, speaks of the 'profound instinctive knowledge of genius, that solitude (withdrawal from the world) was necessary to the highest development of his creative power'. The need for such exclusive preoccupation with the matter in hand was recognized by Goethe: 'Ich fühlte recht gut, dass sich etwas Bedeutendes nur produzieren lasse, wenn man sich isoliere. Meine Sachen waren Kinder der Einsamkeit'; and in the same context (*D. und W.*, III, xv), speaking of his failure to execute his plan of 'Der ewige Jude', Goethe actually anticipates Grillparzer's usage when he writes: 'Mir fehlte die Sammlung'. But Grillparzer knew that it is not only poets who observe this truth; his words in 951/4 might be translated as follows,

> The great man's deed, the poet's sacred song,
> The seer's vision, Heaven's influence and imprint,
> Composure wrought it, wrote it, recognized it,
> And that which knows it not, and mocks, is called
> Distraction . . . ,

and his diary for 1826 includes the jotting (T.1556): 'Newton wurde gefragt: wie er darauf gekommen, die Gesetze des Weltsystems zu finden?—*Ich dachte auf nichts anderes*, erwiederte er.'

In this way, any truly great achievement of the human spirit is seen to result not so much from the exercise of a given talent, as from the *concentration* and *direction* of its author's whole potentialities, and through them perhaps also of (mystic) forces from beyond (cf. 965 ff., *Bruderzwist* 398 ff.), so that his creation out of Sammlung becomes a mind-point or focus of the world (T.3406, p. 252, ll. 4-8).

958/68. Cf. n. to 543/50. The sentence opening with the words Und wie der Mann . . . is never finished, though the missing termination: so wie diesem Manne, wird es auch dir ergehen (Backmann) is readily dispensable; similarly, there is an unrelated participle in 961: the priest is rapt, carried away by the recollection of moments of mystical experience (cf. 965/8). The whole passage, exactly corresponding to Keats' experience: 'When I behold, upon the night's starr'd face,/Huge cloudy symbols of a high romance,' might be reproduced along these lines:

And like the man who, gazing up towards heaven
In evening's twilight, nothing sees but grey,
Colourless grey of neither day nor night;
Then to his steadfast gaze a star gleams forth,
And then one more, then hundreds, and then thousands
Shine down into his moist, his rapturous eyes—
Pre-vision of a heavenly, myriad sky;
Mysterious forms take shape, the mists depart,
The background of creation stands revealed,
And voices as of gods, heard in his breast,
Heard also from on high, beyond the stars . . .

967 f. Cf. 184 f. and n.

977/95. Backmann rightly insists that this contrast goes deeper than as between priest and layman; he refers to Grillparzer's bitter experience as poet at the hands of the critics. But the passage deals with the contrast between the contemplative and the active life, and reflects (like the previous passage on 'composure') something of Grillparzer's struggle to maintain his integrity of purpose and avoid disturbing influences of every kind, encroachments on his peace of mind, especially love entanglements. (It is primarily an incipient love-entanglement which the priest is alluding to so pointedly in 978, 992 f., and cf. nn.) It only remains to be admitted that faith in 'pure contemplation' as the poet's (as distinct from the priestess's) ideal *unchanging* state, lacks validity; it would preclude the poet's participation in the experience of life on which his works (as Grillparzer well knew) are founded; cf. his poem *Böse Stunde*

(G. 84, i), which dealing with 'Begeisterung' (=Glut vom Himmel) includes the lines:

> Drum auf ins Leben, mutbewährt!
> Gestrebt, geliebt, gehaßt!
> Ist dir der Stoff erst, der sie nährt,
> Fällt Glut vom Himmel auf den Herd,
> Und lodert ohne Rast.

978. Den ersten Anlaß meid! avoid the initial occasion, provocation, cause (here: for distraction). This recalls the conception of tragic guilt which underlies Grillparzer's previous tragedy; in his diary for 1824, quoting Lichtenberg on seemingly inevitable wrong-doing, which yet might have been averted if the one responsible 'had foreborne to do what most lay within his choice originally', Gr. adds the words: 'Herrlicher Stoff zu einem Trauerspiel!' (i.e. 'Bancban') T.1339.

981. Je härter der Kampf, um so (desto) rühmlicher . . .

983. Ganzheit is *synonymous* with des Wirkens Fülle! cf. n. to 945 ff.

992 f. The priest is thinking incidentally of the episode he witnessed in the temple grove, where Leander was the 'pilgrim' and Hero the 'priestess [who had been to the well-spring to fetch water] to sprinkle (cf. 46) at the altar'. His warning becomes very stern in 1000 ff. When he declares that he would be willing to shed his own blood, he means Hero to understand that he will be absolutely relentless.

995. Und nur bewegt [sein], ist ihm (heißt für ihn) auch schon getrübt [sein]; ihm refers to Quell in 991.

1010/2. Hero knows *now* (nunmehr) what she did not know before (cf. e.g. 33/43), that she is vulnerable to love's arrows — a real danger (Ein Wirkliches, ein zu Vermeidendes), which she proposes to evade.

1014. ein Jahr cf. 809 ff.

1025. Lines such as this charge the atmosphere with expectancy.

1026/35. Lyrical passages like this are lacking in the intense fervour and flamboyant splendour of corresponding passages in *Romeo and Juliet*, but Grillparzer's lyrical passages are perhaps more apt psychologically, more natural, and more characteristic. Hero's languid, meditative, sensuous mood has an example or precedent in Ovid.

1036 f. Hero's personification of the lamp (Musaeus's influence [?] cf. Backmann), as of her cloak (1017/20), etc., is peculiarly appealing because of its psychological implications (she is lonely) and its naïveté. There is a pause of some length before these words are spoken (Hock).

1038 f. Hero removes the lamp from the window, but does not really intend to extinguish it until she is undressed.

1043 f. Cf. 707 and n.

1046 f. The reference is to three amorous episodes of Zeus (they were not exactly visits out of compassion for 'Verlassene', as Hero is inclined to interpret them): 1046, Zeus visited in a shower of gold Danaë, the daughter of Acrisius, king of Argos, while she was confined in a tower, and she became the mother of Perseus (cf. 1407); 1047, Schwan refers to the visit of Zeus to Leda, in the form of a swan; and Adler refers to his visit, in the form of an eagle, to Aegina, whom he abducted from her angry parents.

A messenger of the gods, not from Zeus but from Amor, is near at hand, unknown to her (Kind).

1048. sie selbst, itself, i.e. Einsamkeit.

1049. cf. 911 f. Hero was not attending!

1060. This 'unexpected' development clearly signalizes a motive from the balcony scene of *Romeo and Juliet*, II, i:

> *Juliet.* Take all myself.
> *Romeo.*   I take thee at thy word.

This observation applies, though less strictly, to the whole scene.

1061. Echo . . ., die spricht. Hero personifies das Echo as die Nymphe Echo (cf. Ovid, *Metam.*, iii, 341/520).

1069 ff. The suggestion for Leander's climbing of the tower quite possibly derives from Marlowe, II, 18 f.: 'And therefore to her tower he got by stealth./Wide open stood the door, he need not climb.'

1076 f. Cf. *Romeo and Juliet*, II, i:

> *Juliet.* How camst thou hither, tell me, and wherefore?
>   The orchard-walls are high and hard to climb.

1080. Ginst=Ginster broom, not a climbing plant; but perhaps Grillparzer's tower in addition to having fissures (1079), stands like Marlowe's 'upon a rock' (I, 335), which might be overgrown with broom.

1090. ermüdeten der Fahrt, poetical genitive of cause— instead of a prepositional phrase: bei or über der Fahrt (Backmann).

1091 f. starb . . . sank, cf. nn. to 79, 788.

1096. schüttert=erschüttert, a poetic form not uncommon with Grillparzer.

1097. bleib!=bleib stehen!

1104 ff. cf. Musaeus 232 ff., where the circumstances attendant upon Leander's swim are broadly similar, except that in Musaeus Hero's torch shone by pre-arrangement between the lovers.

1110. Schon gab ich mich dem wilden Zuge hin! Leander refers to the wild impulse (born of his love-sickness and renewed despair) to plunge into the black waters and drown.

1112 ff. Hero's lamp, a mere pin-point of light (ein kleiner Stern, wie eine letzte Hoffnung), shone for Leander so brightly that its brilliant rays (der Schein, zu goldnen Fäden tausendfach gesponnen), [like] a web (ein Netz), embraced the whole dark world. Cf. n. to 1774 ff.

1129 ff. Cf. 788 f. and n.

1157/S-D. Another studied attitude (cf. 818 f. and n.) expressive of remorse and shame and emotional exhaustion; it is hardly a listening attitude as Backmann contends; but there is an element of resigned expectancy, coupled with an impulse to seek composure and power to dissemble, before the dreaded ordeal of discovery and exposure.

1163. O Scham und Schmach! Cf. 1166, O alles Unheil auf mein schuldig Haupt! and cf. previous n.

1168 ff. In passages like this, where Hero uses a 'rough' tone of resentment, regarding love as a painful and fateful visitation, she reminds us of Medea (e.g. *DgV: Medea*, 1421), who bitterly reproaches Jason for his intrusion of her peaceful condition. The rough tone alluded to is perhaps more characteristic of Medea—and Charlotte Paumgartten—'eine Frau von entschiedenen Charakterzügen' (B. 223), than of Hero as we are apt to envisage her. As late as January 1827 Grillparzer wrote: 'Hero soll von vornherein einen Zug zur *Heftigkeit* haben,' but altered this word to *Heiterkeit*—when Marie von Smolenitz had become his model—without, however, eliminating all traces of the earlier conception of Hero's character.

1177. Leander. 'No one has told her his name. How does she know it? This is a lapse of Grillparzer's memory' (Kind). Is it permissible to recall that she may have heard Naukleros shouting it in Act II? To be precise this already occurs at 494, near the end of Act I (cf. n. to 491 f.).

1195. The same contrast as that observed in her mother, 320 ff. (Backmann).

1201. Cf. 1187.

1207. Cf. n. to 1247 f.

1212 ff. Backmann rightly describes this as the passage of 'deepest tragic irony' in the whole piece, in that Hero herself assigns Leander to this trysting-place, as fulfilled to the letter in the tragic catastrophe. But for our modern tragic sense (as opposed to that of Greek tragedy) it is generally necessary for us to feel the ultimate tragic outcome to be immanent to the circumstances involved. It is tragically ironical in our sense, for instance, that Hero should wittingly consent to Leander's proposal to repeat his hazardous swim, in order to apprise her of his safe return from this one.

1229. Komm Morgen denn! This in its context is one of the most famous sayings in the world's literature. The way in which Hero—to her own surprise as much as ours—naïvely outbids Leander's so far most pressing suit is instantly recognized as true to life. Laube's comment (repeated in Co^v· vii, 206) is unedifying; Reich points out (p. 186) that Hero·is promising no more than is implied in 1212 ff. The secret revealed here regarding love's dominion over its 'victims' is given at length in Marlowe (I, 341 ff., italics mine), Grillparzer's probable source, alongside actual experience, for this motive: 'With that, Leander stoop'd to have embrac'd her,/But from his spreading arms away she cast her,/And thus bespake him: "Gentle youth, forbear/To touch the sacred garments which I wear./Upon a rock, and underneath a hill, . . ./My turret stands; and there God knows I play/With Venus' swans and sparrows all the day, . . ./Come thither"; *As she spake this, her tongue tripp'd,/For unawares* "Come thither" *from her slipp'd;*/And suddenly her former colour chang'd,/And here and there her eyes, through anger, rang'd./And, like a planet moving several ways/At one self instant, she poor soul assays,/Loving, not to love at all, and every part/Strove to resist the motions of her heart . . ./Cupid beats down her prayers with his wings,/Her vows upon the empty air he flings:/All deep enrag'd, his sinewy bow he bent,/And shot a shaft that burning from him went;/Wherewith she strooken, look'd so dolefully,/As made Love sigh, to see his tyranny.'

1238. Pfand cf. n. to 1544/S-D. and 1653 ff.

1244 f. It seems probable that *Romeo and Juliet*, I, v, afforded

K

a precedent for this attractive motive of fervent yet chaste and childlike pleading for a kiss:

Romeo. 'O, then, dear saint, let lips do what hands do;
They pray; grant thou, lest faith turn to despair . . .'

1247 f. This motive of Leander's exploitation of Hero's pity-that-is-akin-to-love (cf. above 1081, 1142 ff., 1177; 1207 f.) occurs in Marlowe, II, 247 ff.: 'If not for love, yet, love, for pity sake,/Me in thy bed and maiden bosom take;/At least vouchsafe these arms some little room,/Who hoping to embrace thee, cheerly swum./This head was beat with many a churlish billow,/ And therefore let it rest upon thy pillow.'

1255. Die Lampe solls nicht sehn. The childlike naïveté of this expression, akin to Hero's earlier personification of the lamp, *etc.* (cf. 1036 f. and n.), is most likely to be a trait of Marie v. Smolenitz's character, of whom Grillparzer repeatedly remarked: 'Sie ist ein Kind!' Nothing could be in itself more natural than this maidenly impulse of modesty: yet all the commentators from Laube onwards seem to think that Grillparzer's diary note T.607, taken up for Hero in January 1827, dealing with a Charlotte-episode of totally different character applies here; instead, as the exact opposite, this Charlotte-motive needs to be inverted (see Intro., p. xxvii). Further, when Ovid alludes to the lamp as witnessing the lovers' intimacies (cf. Backmann, pp. 246, 293), the same principle of inversion is observed, and Grillparzer's Hero says: 'Die Lampe solls *nicht* sehn!'

1259/62. Wenn ich dir flehe; usually anflehen with the accusative—die ihren, i.e. Tritte.

After Hero has kissed Leander, she rushes out of the room, frightened at her audacity and her love, which is now victorious; but she returns. The curtain drops. (Kind.)

ACT IV

The time has passed, we may hope, for joining in the long and laboured discussions which have been conducted about this fourth Act on the score of its alleged paucity of action: they belong to the days when 'dramatic action' was assumed to betoken 'scenic activity'. This Act covers the phase of the dramatic action or development which comprises the entire motivation of the catastrophe. Hero must be shown to incur (not necessarily to deserve) her fate: that is why she is shown to

be oblivious of everything else but love during the long fore-
boding day which must pass before Leander at night, again
flouting all risk and convention, plunges to his doom, drawing
Hero with him. To reveal this tragic outcome as in the nature of
things (the summit of a dramatist's ambition) was a design
which Grillparzer in this Act came within an ace of realizing,
as his own judgement of it implies (cf. Intro., pp. ix, xviii, xx).

Backmann suggests that Hero's languid meditative mood
as described in Ovid may be the source of Grillparzer's repre-
sentation, as the main theme in this long Act, of his heroine's
yearning for her lover's return, her increasing fatigue, and her
final conquest by sleep. This seems plausible, as far as it goes;
but these are only aspects of her condition (changed under the
influence of love) which, constituting the real main theme, has
Romeo and Juliet for its source. It is true that there is a hint in
Passow's Musaeus ('Aber die saumnachschleppende Hero
vergaß ihre Eltern/Als eine Jungfrau tags und nachts eine
Gattin.') of the same feeling; but if we emend Grillparzer's
spurious reference to the *Tragödie von Yorkschire* to *Tragödie
von Shakspeare* (as we must) there is no longer any room for
doubt that in depicting Hero as 'matured to womanhood' in this
Act he had Shakespeare's Juliet in mind (see Intro., pp. xxv ff.).

S-D./1263. The sea is visible for the first time in this scene.
Schwibbögen are usually Strebepfeiler or flying-buttresses,
which were of course unknown to Greek antiquity; their
anachronistic inclusion here alongside the autochthonic pillars
need not be taken as an involuntary manifestation of Grill-
parzer's earnest desire to effect in this work a reconciliation of
the classical and romantic ideals.

1264. Er ist hinüber. Leander, having spent the night in
Hero's tower, has only this moment left, and not without being
seen (cf. 1291). Hero's behaviour, after this first moment of
excitement and relief, is entirely different from what we might
have expected, judging by her reaction to the temple-guard's
suspicions and investigations during the night; she is cool and
collected again, self-sufficient and self-possessed, and quite un-
burdened with any sense of guilt.

1279 f. Der Mann da ist nicht klug ... Er spricht und spricht!
Two characteristic expressions of maidenly scorn and contempt
(cf. Medea in *DgV: Gast.* 366), which betray Grillparzer's
practice in dramatic portrayal, namely, to draw from life: both

expressions belong to the vocabulary of Grillparzer's Viennese 'flapper'-contemporaries (Sauer).

1285. ihr, i.e. Hero and the priest, her uncle. Hero's contemptuous words (see previous n.) have aroused the temple-guard's class-feeling.

1293. sprang . . . stand, instead of past-perf. subj., cf. nn. to 79, 788.

1302. Das macht. Cf. the coll. expression: das macht nichts, that *signifies* nothing (it doesn't matter).

1326. bis kurz=bis vor kurzem, bis kurz vorhin.

1330. Ianthe trisyll. [*ˈiːˈante*].

1337. als kurz ich vor=als ich kurz vorher.

1341 f. The priest is growing alarmed and angry, indicating that he begins to entertain suspicions of Hero, which he tries to ward off and fight down.

1343. Cf. n. to 1285.

1345. Cf. n. to 1330 [*ˈiːˈantən*] with additional (angry) emphasis on the second syll.

1348. ge(ge)n Abydos [*ˈaˈbyːdɔs*]. The mention of this place-name, reminding the priest of yesterday's incident, redoubles his suspicions (cf. n. to 1341 f.) and shatters his already undermined self-assurance.

1352. Realizing that his investigations will require Hero's presence, the priest changes his mind about transmitting the letter to her and has her informed that he has *summoned* Ianthe; his gradually increasing suspicions do not yet correspond to one-tenth of their real occasion; cf. next n.

1358 ff. Wenn sie [Leander and Naukleros] versucht (gewesen wären) . . .='Supposing they should have felt tempted to finish the adventure'—presumably involving Ianthe in some way—'that I interrupted'—when Hero was unwisely encouraging the marauders—'and now, Hero were' in this sense 'an innocent party to their offence' (Unwissend trüge sie des Wissens Schuld)!

1362. Nebstdem [wäre zu bedenken], dass . . . The priest's thoughts in this passage occur to him in this tentative and illogical order (cf. prev. n.); he is essaying a thinkable (i.e. harmless) interpretation of the indications alleged.

1365. ein Gott. The priest likes to think of himself as an agent of divine purposes, to fortify his conscience in the exercise of capital authority and convince himself of higher sanction for his jurisdiction. The context supports this interpretation, despite existing evidence of Grillparzer's original intention (reflected here, according to Backmann) to attempt to confer upon his priest the attributes of Fate.

1369. The complete change (cf. n. to 81) in Hero's attitude and relations to Ianthe (like that in Medea's to Peritta in *DgV: Argo.*) is psychologically indicative of the inner change she has herself undergone. The same motive occurs in [Marlowe-] Chapman, Sest. IV, as between Hero and Mya; also in Kleist's *Penthesilea.*

1371. The priest is outraged to think that Hero appears to be encouraging Ianthe to flout his authority; his misgivings increase at this show of unwonted independence towards himself on Hero's part; he *orders* Ianthe to come, knowing that Hero will resent this and herself come too.

1373 f. This epigrammatic saying—clearly indicating that the priest now suspects Hero of more than connivance at Ianthe's misconduct—reads like a corollary to Congreve's:

> Heav'n has no rage, like love to hatred turn'd,
> Nor Hell a fury, like a woman scorn'd.
> (*The Mourning Bride*, II, 8.)

But it is probably more to the point to recall that such epigrammatic philosophizings or 'crisp sententious reflections' derive from Ovid's verse usage and are an outstanding feature of Marlowe's poem of *Hero and Leander*! Through Marlowe they find their way into Shakespeare's dramatic practice and thence presumably in turn into that of Congreve—and Grillparzer.

1379 ff. The priest's words in their general tendency bring out what is suggested in the prev. n.; he then, perhaps unnecessarily, withdraws backstage (1384/S-D.) to observe developments.

1395. Ianthe wishes to protect Hero (cf. 1411 f.), just as Hero protected her at 103 ff.

S-D./1403. 'Diese Pause ist von großer theatralischer Wirkung' (Backmann).

1403 ff. Cf. *DgV: Argo.* 537 ff., where Medea speaks of Jason as a divine visitant; the difference here is that Hero is semi-ironical (cf. 1409).

1406 f. Leda, cf. n. to 707 ff.—Admet=Admetus, Thessalian king, whose flocks Apollo tended for nine years, because of his love for him.—Danaë, cf. n. to 1046 f.

1415.   The epithet Königskind sounds like an echo of the German folksong; cf. Intro., pp. viii, xxxiv.

1416 f.   lichter Schwan. Hero understands the words and meaning of the song now, but cf. 728 f.; Leander is her Zeus or 'divine visitant', cf. n. to 1403 ff. She is with her lover again in her thoughts; the priest peremptorily wakens her to her present situation.

1419.   Was=Wes(sen). This is an involuntary admission of guilt on Hero's part: she does *not* know—she rashly assumes—what Ianthe is accused of!

1420 f.   Cf. n. to 1369; verließen, past indic. for pres.- or past-perf. subj. (cf. nn. to 79, 788): 'if all have deserted you, yes, all of them . . .'

1424.   sie spotten dein und meiner: 'their judgement of us is a mockery'.

1434 f.   Cf. 978 and n. There was no question of avoiding giving occasion for suspicion (den Schein zu meiden), but only of avoiding the initial occasion itself.

1443.   Hab Mitleid mit dir selbst! Rightly apprehended this expression epitomizes the tragedy of Hero: she is a victim of the love-passion, and under its dominion, 'deaf to warning, blind to danger', is heading for disaster; her uncle calls out to her 'Hero, Hero, Hero!' and 'Hab Mitleid mit dir selbst!' yet all in vain; Hero is not in control, but is (as the poet insisted) 'subject to the influence of her daimon'. Cf. Intro., p. xxx.

1447.   'I must think about it (when I am rested).'

1449 ff.   The dashes convey that the priest is conceiving a plan to save Hero from herself (cf. n. to 1443) and for the gods: he does not intend Hero to sleep during the daytime—but at night, while his scheme to compass the ruin of the base intruder (her lover, whoever he is) takes effect (cf. 1508-16). At the same time the priest (we must be on our guard against misjudging him) not unnaturally believes, as Hero's uncle, that Hero may perhaps be recalled to her senses and her duty by an appeal to her family instinct of filial affection—he incidentally has a special reason for desiring her to read her parents' letter (cf. n. to 1744); in the letter-quest he takes advantage of her acquiescent mood to put her in the way of experiencing this recall to duty. But this is where Grillparzer's deeper insight into woman's nature comes in, as taught him by observation and by Shakespeare's representation of the power of love to change Juliet in this respect: filial duty is forgotten (cf. Intro. n. to this Act).

1452. The priest already has the letter in his possession (cf. SD./1350). Changing his mind about handing it over to Hero immediately, he decides to make it the object of what we have called the 'letter-quest' (see prev. n.).

1469. Schaffer=factor, agent, overseer.

1474. Opfergerste, 'Bei der Opferhandlung bestreute man den Nacken des zu tötenden Tieres mit gerösteten Gersten-körnern' (Waniek).

1479. unser Mann is the messenger (cf. 1453 ff.)—zumeist= (here) 'most likely'.

1497. 'Wo bist du? Ah!' Hero is nearly asleep.

1504. Leander und Naukleros hießen sie. Their names have presumably been reported to him by his spies, sent over to Abydos on the previous day, cf. 554 f., also 1664 f.

1508 ff. The priest compares and weighs the two names as to meaning, sound, and symbolic significance. Naukleros means *master* or *owner of ships* and, in general, *leader*; Leander means *lion-man* or *lion-hearted*: thus they have the same claim on fortune (1512). Further, the two names have the same number of syllables, the same accent, and strikingly similar phonic values. As yet, the priest cannot distinguish between them, but one is living, the other dead; for he has determined to destroy the guilty one (1515 f.) (Kind).

Cf. Shakespeare, *Julius Caesar*, I, ii:

> Brutus, and Caesar: what should be in that Caesar?
> Why should that name be sounded more than yours?
> Write them together, yours is as fair a name;
> Sound them, it doth become the mouth as well;
> Weigh them, it is as heavy; conjure with them,
> Brutus will start a spirit as soon as Caesar . . .

Backmann assigns as additional possible sources *Two Gentle-men of Verona*, I, ii, and two passages in Homer.

1515. weil=während.

1517 f. Cf. n. to 1449 ff.

1523 ff. The priest would like to be able to believe this; his violent manner in 1525 f. is a psychological indication of this feeling and its reaction on him.

S-D./1530. This 'drop scene' not only portrays the change that has been wrought in Leander, but it also bridges over the gap between the first part of the Act, early morning, and the

close of the Act, evening. The psychological effect of such a
'short stage' (kurze Gegend) is worthy of note: we feel that the
scene is merely an interim, an incident, however important;
our minds are not taken too far away from the main scene.
It is a temporary relief from the otherwise too wearying mood of
the Act (Kind).

1531 ff. After bringing Leander home yesterday, Naukleros
stayed with him till nightfall; before leaving he immobilized
Leander's boat (1562 f.) and warned the neighbours to do
likewise with theirs (1563 f.). This explains—if any explanation
were needed—why Leander swam.

1537. Cf. 1542. Twice does the thought occur to him that
Leander may have sought death as a way out of his despair—
not an altogether unwarrantable hypothesis (cf. n. to 1110).

1544/S-D. ein Schleiertuch. Backmann recalls that Jason
kept a veil of Kreusa's, cf. *DgV: Med.* 869 ff. But this Schleier-
tuch is a love trophy (cf. 1653), not a keepsake, and probably
derives from Marlowe, II, 103 ff., where there is mention of a
purple ribbon of Hero's which Leander 'wound about his
arms' for exultant display.

1554 f. cf. 1664 f. In this way, no doubt, the priest has
elicited information about Naukleros and Leander, whose names
he has learned, cf. 1504 and n. thereto.

1564. unterm Schloss=unter Verschluß, unter Schloss und
Riegel.

1565 ff. In order to demonstrate the possibility of Leander's
feat, Lord Byron swam the Hellespont from Sestos to Abydos
in May 1810; he encountered a current so strong as to increase
the distance swum fourfold to over four miles.

1577. einst: it was only yesterday; but it was for Naukleros
a mere incident and belongs to the past.

1592 ff. Cf. Schiller, *Don Carlos*, IV, vi—'Haben wir denn
wirklich/Die Rollen umgetauscht? Du bist ja heute/Erstaunlich
sicher' (Fries). The motive of emergence from youthful
torpor through love to purposeful manhood has a salient place
in Shakespeare's *Romeo and Juliet*, where Grillparzer—recognizing
his own experience (cf. n. to 533)—seems to have derived it
for his early fragment *Spartakus*, applying it later in *Sappho* to
Phaon and here (cf. n. to 458); but the same motive of Leander's
change from aimless lethargy to resolute energy is a feature of
Marlowe's portrayal, in a passage that is almost certain to have
impressed Grillparzer and is very appropriate to the present

context (Sest. II, 137 ff.): Leander's father knew where he had been,/And for the same mildly rebuk'd his son,/Thinking to quench the sparkles new begun./But love resisted once, grows passionate/And nothing more than counsel lovers hate./For as a hot proud horse highly disdains/To have his head controll'd, but breaks the reins,/Spits forth the ringled bit, and with his hooves/Checks the submissive ground: so he that loves,/The more he is restrain'd, the worse he fares;/What is it now but mad Leander dares?

1598. such mir ihn nicht: 'don't go deliberately in search of it'.

1602. die Todgeschwellten Früchte, 'erinnert entfernt an Schillers *Hero und Leander*, 19 f. "Und die süße Frucht der Liebe/Hing am Abgrund der Gefahr" ' (Backmann).

S-D./1634. 'A startling almost ludicrous episode, but charming because of its exaggeration; for it is indicative of and in keeping with the tragic despair of the imprisoned lover' (Kind). Backmann observes that Grillparzer armed Jason thus in *DgV: Argo*. It is difficult to resist the impression that Grillparzer felt constrained to supply some 'scenic activity' in this apron-stage intermission, for the sake of contrast.

1638. leitet ihre Macht, poetic inversion for: (und den) ihre Macht leitet. There is tragic irony (cf. n. to 1212 f.) in Leander's newly-won confidence and trust, which are illusory.

1641. beschirmt *sc.* habt.

1641/44. Cf. Marlowe, Sest. II, 155-226, where Neptune (or Poseidon) shows more than adequate solicitude for Leander's safety, the following lines (170/4) being particularly apt to the present context:

> For under water he [Leander] was almost dead,
> He [Neptune] heav'd him up, and looking on his face
> Beat down the bold waves with his triple mace,
> Which mounted up, intending to have kiss'd him,
> And fell in drops like tears because they miss'd him.

1646 ff. Backmann sees in Leander's previous inexperience of love Grillparzer's most noteworthy departure from Musaeus. But Grillparzer had in Marlowe a predecessor in this respect: Marlowe's Leander is 'a novice' (Sest. II, 13, 63 f.); in respect to this motive and all that pertains to it in Marlowe's poem we feel perhaps most surely the justice of an observation by its latest editor to the effect that (as with Shakespeare) basic personal experience and near connection with real life and thought infuse a new vitality into the work, as with the greater achievements of the Elizabethan dramatists (Martin's ed., p. 4). This applies in full measure also to Grillparzer's treatment of Hero and Leander's 'slender classic theme'; in this direction Marlowe may be said to have set him a noteworthy example.

1646/8. 'Leander does not regard himself as merely a "pupil" of love, but as the "prophet" of true, natural love, as opposed to the false conception of love taught in the temple at Sestos' (Kind).

1653 ff. Cf. n. to 1544. The veil is attached to the top of the pole by means of the loop or knot which Leander has tied in it; later (at 1890) we shall find it tied by a second corner to form a pennant. Note the rhymes here signalizing a climax of Leander's rapt presumption (cf. 1661: er ist von Sinnen!); he even uses the epithet 'vermessen' as meaning 'daring', not 'audacious', 'presumptuous'.

1664 f. Cf. nn. to 1504 f., 1554 f.

1667. The vessels contain Weihrauch, Opfergerste, Linnen; cf. 1474.

1674. Ists noch nicht Abend? Note the reiteration of this inquiry, ll. 1438 and 1749. It is the *leitmotif* of the whole Act (Kind).

1680 f. The temple-guard, in league by now with the priest, is prevaricating: in reality the messenger came before Hero's departure. Cf. n. to 1452.

1686 f. The priest cannot give orders to the priestess; but in any case, Hero is now in open revolt against him.

1692. Hero means that she will *light* the lamp herself.

1720 f. The priest hopes to wrest a confession from her by threatening Ianthe (Kind).

1726. das kann nicht ohne mich (*sc.* sein, geschehen). Cf. n. to 1686 f.

1732 ff. It would be difficult to conceive a less adequate definition of duty—and Hero knows it; she renounces all endeavour to serve her goddess, and as for being even 'at harmony with herself and with the world', she is—without knowing it— 'weltvergessend', 'taub und blind', in a word 'dämonisch' or 'possessed'. Cf. n. to 1443, *etc.*

1736. deinem Bruder=thy neighbour. So far from alluding

to her father and the priest in this line (cf. Backmann), Hero is really thinking of Leander and herself.

1738 f. Hero indicates ironically that her ripening (through experience—under the auspices of the Moon) is but a *natural* process, thus implying that it was one of her *rights*.

1740 ff. Taking up this cue, the priest makes another forlorn attempt to recall Hero to her former condition by referring to her parents (cf. n. to 1449 ff.): he hopes to incense her, in the first place, by admitting that he has read her mother's letter to her. As to the particular reason why he is so anxious about the letter or letters from her parents, see next note.

1744. This warning, having clearly something to do with Hero's recent conduct (in Acts I and II), was probably the reason why the letter was sent; it seems that Hero's father wrote a letter as well, cf. 1708: what, then, is more likely than that both letters were written at the priest's request, for an urgent and timely warning? (This explanation may resolve the doubts raised by previous commentators as to the plausibility of the letters being written at all (so unexpectedly for Hero, cf. 1712).)

1750. This, with the S-D. (Mit verbindlichem Ausdruck) is dissimulation worthy of Juliet: it has occurred to Hero that she can now light the lamp.

1756 ff. Gönn' ich ihr Zeit, . . . The priest means that if he grants Hero time to rest, she will awaken to her lover's danger and will think of some means to save him; then she herself will never be saved from herself! (The priest assumes that it is not yet too late to 'save' Hero.)

1767. Strafe. Hero (in the priest's intention) is to be punished in losing her lover and in the knowledge of having caused his doom.

1772 f. The priest has succeeded in tiring Hero out: she has not read 'his letter' and is more than half asleep.

1774 ff. O Lampe, meine Freundin!—du Sonne meiner Nacht, this apostrophizing of the lamp, together with the Shakespearian echo: Noch ists nicht Nacht, and epithets of the Shakespearian quality of die 'laute' Welt (meaning 'brilliantly illuminated'), and so forth, with instances occurring again and again to 1815, inevitably reminds us of *Romeo and Juliet*, particularly perhaps here of Juliet's monologue in III, ii.

1789. The broken sentence indicates that Hero is already overcome by sleep.

1799. er wünscht's=er wünschte es (Hock). Grillparzer

writes his words as he *hears* them. His drama is of the stage and his lines are for speaking.

1801 ff. To this figure of the hen and her chicks, with the ironical turn: und nicht zu schäd'gen;/Bewahr! bewahr! Backmann compares the following passage from *Romeo and Juliet*, II, i:

> *Juliet.* 'Tis almost morning; I would have thee gone,—
> And yet no further than a wanton's bird,
> Who lets it hop a little from her hand,
> Like a poor prisoner in his twisted gyves,
> And with a silk thread plucks it back again,
> So loving-jealous of his liberty.
> *Romeo.* I would I were thy bird.
> *Juliet.*   Sweet, so would I:
> Yet I should kill thee with much cherishing.

1811. von ihm (*sc.* kommen) wir [i.e. Rauschen des Nacht-winds, Lispeln der Blätter]='we come from him'.

1812. die Schwingen. This epithet, applied to the breezes coming from Leander, denotes the reappearance of the Leda motive (Backmann). In Hero's sensuous feeling the influence of *Romeo and Juliet*, III, ii, is particularly noticeable (Backmann). The breeze has become identified by Hero with Leander; only for a brief moment in 1815 (Und kommt er, sag es an!) does Hero realize, before finally falling asleep, that she is still alone.

1817. Der Götter Sturm verlösche deine Flamme. The priest expresses this 'pious' wish (for him truly pious) and then proceeds to extinguish the lamp *himself*, as indicated in 1825, firmly believing that he is only an Instrument of Divine Retribution. See n. to 1825 f.

1818 f. The poet intensifies the atmosphere of tragic foreboding and inevitability with these masterly touches. Cf. also 1824 and particularly 1826. The temple-guard does not repent (cf. Kind), but—lacking the priest's fortitude and resolution—he is human and pitying. In virtue of these manifestations of feeling and sympathy (corresponding to our own) we excuse him for his share in the lovers' downfall. But the priest does not escape our reproaches; see next note.

1825 f. Though the words are purposely allusive—the temple-guard is stricken with awe—we are to understand that the priest extinguishes the lamp; but even supposing he only moved it, so that 'der Götter Sturm' (cf. 1817) could extinguish it, he would not escape our censure—he would then in fact incur it in still higher degree, on the score of moral cowardice. But appearances are badly enough against him as they are; Grillparzer certainly did not intend to expose his priest to the reproach of villainy or even heartlessness; yet this is what happens, as the result of this final and almost gratuitous manipulation by the priest of the odds against the lovers, whereby he deliberately seals Leander's doom. The storm, we feel, would probably have extinguished the lamp and overwhelmed Leander in any case. The poet, however, could not allow this to happen, since the blind fury of the storm alone, as an element of Chance, might have vitiated his theme.

It is instructive to speculate what might have been the effect of allowing the lamp to be blown out by the storm before the priest could fulfil his expressed intention to extinguish it. He would not have been expected to re-light it! In this way the poet might perhaps have spared his priest the condemnation implied in his (Grillparzer's) final judgement of this Act: Vor allem ist die Figur des Priesters zu kurz gekommen (see Intro., pp. ix, xviii, xx).

Act V

1839. Ob ich gehört? Hero has heard without understanding the question; her mind is blank with despair.

1851. Arm? Hero repeats the epithet, as if to ask: 'Is there no hope, then?'

1855. Mit heißem, trocknen Aug ... Hero's dismay was too great, her anxiety too tense, for tears.

1859 ff. Geschah ... gab ... etc. Cf. n. to 79.

1864. denn ich bin. Hero means that she could not survive, she tells herself she would not be alive, if she were not so sure.

1872. Zum mindesten entschieden. Does Hero even yet realize that her love and her vows inevitably conflict with one another? The answer is that she does not, though she grows increasingly aware of the necessity to settle this issue.

1876. As at 1859, Hero instinctively spares herself and Ianthe the embarrassment of imparting unsolicited intimacies to her.

1887 f. Ein Lastendes. Leander's corpse, hidden by the damaged bush, is resting there.

1888 ff. Cf. n. to 1653 ff.

1893. Hero is alarmed and too terrified to approach.

1898. Betrogne und Betrüger. An echo of the memorable expression in Lessing's Ring-parable in *Nathan der Weise*, III, 7, l. 2024.

1901 ff. It is beyond the power of words to do justice to this supreme example of tragic art contained within three lines, accompanied by appropriate acting. Not even in Shakespeare's tragedies is there to be found an intenser moment and more pregnant climax. If the expression 'to die of a broken heart' has any meaning, that meaning is here conveyed. Hero's piteous attempt to keep her guilty secret, her instinctive effort in this terribly true situation to dissemble her agony of grief, is more than her life can withstand. From this cruel moment onwards we actually witness the inevitable approach of that ending, when like the Hero of [Marlowe-] Chapman, VI, 271 f.:

> She fell on her love's bosom, hugg'd it fast,
> And with Leander's name she breath'd her last.

1908 ff. We react in bitterness to this manifestation of the priest's concern for appearances. When in 1930 f. he sums up ('since now it is all over', cf. 1926), it is for us too, as well as for herself, that Hero protests in 1932-40. Again she raises her voice in 1944-74 to tell the truth, and again in the poetry of 1978-84, where the living-force and youth-vitality that Leander stood for is proclaimed and glorified.

1945. läss'ger Freund! repeated in 1981. Hero means that Naukleros too ought to have kept better watch.

1955. Hero believes that the storm extinguished the lamp. If she knew that the priest did it, she might wish to live!

1982. This metaphor of Grillparzer's, 'to attend our own funeral', which occurs repeatedly *circa* 1826, when he was wont to think of himself as a 'Leiche', because the faculty of poetry seemed to have gone from him, means 'to go on living after all purpose in life has departed'. Cf. his lines (G. 192): Was je den Menschen schwer gefallen,/Eins ist das Bitterste von Allen:/Vermissen was schon unser war,/Den Kranz verlieren aus dem Haar,/Nachdem man sterben sich gesehen,/Mit seiner eignen Leiche gehen.

1990. 'Wer morden kann wie ich, muß stark sein' (Backmann).

1996 f. Kind remarks that it is strange the priest should be unfamiliar with temple usage; but he is not so, and his words are ironical. He himself would not have accorded Leander 'customary' funeral honours in the temple.

1999. Entfernt: absolute participial construction, 'Ist einmal die Störung entfernt'.

S-D./2022. die Cella: the sanctum of the temple, where the image of the goddess stands; . . . neugierig: this is Hero's first experience of death at close quarters, and it exercises as a phenomenon a strange fascination and an *estranging* influence upon her, cf. 2025 ff. A kindred motive appears at the conclusion of *Die Jüdin von Toledo*.

2031. Im starren Auge glühte keine Sehe. Backmann declares that this is a reference to the 'living pupil' of the eye and not a poetical allusion to the faculty or phenomenon of *sight*; but the verb glühte recalls Goethe's (or Plotinus's) lines: 'Wär nicht das Auge sonnenhaft,/Die Sonne könnt es nie er-blicken;/Läg nicht in uns des Gottes eigne Kraft,/Wie könnt uns Göttliches entzücken?'—which Grillparzer may well have had in mind.

2053. Kranz . . . Gürtel . . . The tokens (das Zeichen 2052, 2056) of her priesthood and maidenhood.

2060 f. Cf. the expression in *Romeo and Juliet*, III, ii, 'Come, night; come, Romeo; come, thou day in night'.

2073. Cf. *Sappho*, 1978 f. (Hock). How different are the circumstances of Hero's seeking communion with the goddess from those imagined by the priest, cf. 120 and n.!

2078. Zu leben ist doch süß! Cf. *Treuer Diener*, l. 1319, Erny: 'Muß ich so früh schon sterben?' and Goethe's *Faust I*, 4432 f., Gretchen: 'Bin ich doch noch so jung, so jung!/Und soll schon sterben!'

2084. The priest means that *he* is the physician; he thus arrogates to himself the right to kill or cure. Cf. 2093.

2085/S-D. Backmann contends that the ceremonial character of this whole final scene, and particularly of this S-D., shows the influence of Werner's *Wanda*.

2095 ff. Schon nimmt sie auf die Wölbung . . . The bearers carry Leander's bier along a secret vaulted passage, where they are met by Leander's friends, who depart through the end doorway with their burden, on their way back to Abydos.

2106. To the priest's outraged protest Ianthe replies in kind:

2107. Vorsicht'ger Tor, sieh deiner Klugheit Werke! 'Fool, see now the result of your prudence.'

2108 f.   Cf 998 ff. and n. to 992 ff.

2117.   Ihr, addressed to the other maidens, who remain with Hero's corpse.

2120.   Versprichst du viel, und hältst du also Wort? This last line was necessary to offset the effect of the priest's exit (2115/S-D. 'der Priester geht, sich verhüllend, ab').

Interpreting Aristotle, we may hold—with the fault and fate of any given tragic hero before us for a warning example—that it is ultimately the function of tragedy to reconcile us, even if only subconsciously, to the middle course our lives must keep between Necessity and Freedom—or say here between duty and desire. Clearly, then, this tragedy would have defeated its own purpose, had we been left with the humiliation of duty's representative as a final impression, with no corresponding derogation from the conflicting principle. Earlier editions of Reich's account of this work (in 'Fr. Grillparzers Dramen') stated: 'Die Rechte des Herzens rangen mit den Rechten der Götter und erwiesen sich stärker'. Were it indeed true that we are left at the end of *Des Meeres und der Liebe Wellen* thus biased in favour of the lovers, that would be natural, yet contrary to the poet's intention. Reich's final revision of the passage in question, as if in tacit denial of his earlier assumption, reads as follows (p. 192): 'Die Rechte des Herzens rangen mit den Rechten der Götter'.